Mit freundlicher Empfehlung

Gemeinde Schwangau

Dorf der Königsschlösser

ERLEBT UND ERZÄHLT

ARTUR JALL

Erlebt und erzählt'

ALLGÄUER ZEITUNGSVERLAG KEMPTEN

Umschlaggestaltung und Illustrationen Heinz Schubert

Copyright 1985 Allgäuer Zeitungsverlag GmbH, Kempten
Alle Rechte vorbehalten. ISBN 3 88006 114 9
1. Auflage, 1.−5. Tausend
Gesamtherstellung: Allgäuer Zeitungsverlag Kempten

INHALT

Allweil lache ka koi Mund,
allweil ernscht sei isch it gsund.

Dös kloi Buech möcht ebbes geabe,
was heut oft fehlt, bei dem Krawall:
A weng a stille Freid am Leabe.
Dös wünscht herzlich dr

Martin Jall

Leo der Große
und sei kloiner Brueder

Wenn ma als kloiner Bue en große Brueder haot, dann ka dös zwar manchmaol mit allerhand Ärger verbunde sei, aber moischtens isch es a Vorteil. So isch es au beim Huber Theo mit seim achtzehjährige Brueder gwea. Der haot Leo ghoiße. De Ärger haots moischtens deswege gea, weil si dr Leo manchmaol au so erzieherisch aufgspielt haot wie Vater und Muetter, und dös haot em Theo immer ghörig gstunke. Ziemle gärgret haot'n aber au, wenn manche Leut „Leo der Große" und „Theo der Kleine" gsait hand. Daß er richtig Theobald ghoiße haot und dr Leo Leopold, dös haot gar niemand interessiert.

Freile haots au ganz nette Vorteile gea durch so en große Brueder. So isch dr Leo für sein um guet zeha Jaohr jüngere Brueder fascht scho so a Art Schutzpatron gwea, wenn si dr Theo im Kreis von seine Altersgenosse meh amaol a weng gar zviel rausgnomme haot, und dös isch verhältnismäßig oft vorkomme. Alloi scho die Drohung: „I sags frei meim Brueder!", haot bei de andere Buebe je naochdem a gwisse Vorsicht oder Rücksicht oder Nachsicht erzeugt. Dös haot dr Theo dann so richtig genosse. Die Schuel- und Spielkamerade hand ja it gwißt, daß der großmächtige Brueder Leo für die

Verschnättrereie von seim kloine Brueder moischtens überhaupt koi Interesse ghet haot.

„Du wirsch scho meh a recht freche Gosch ghet hau" oder „bleib halt weg von dene Lackel!", dös war moischtens's oinzige, was dr Theo zum höre kriegt haot, wenn'r de Leo zu irgend oiner „Aktion" haot veralasse wölle.

Oins aber haot dr Theo an seim große Brueder ohne Einschränkung bewunderet: Er war ungeheuer gscheit und haot naoch Theos Meinung so guet wie alls gwißt. Manchmaol isch er sogar mit'm Theo irgendwo na spaziere gradlet. Am Theo haot bsonders gfalle, daß dr Leo zwar viel gwißt haot, aber doch nie so gscheit dau haot wie viele Erwachsene. Er haot mit ihm blödle könne und zwischedurch haot er dann meh ebbes Interessants zoiget oder erklärt.

Bei so ama kloine Ausflug hand se amaol dem Betrieb in ama Ameisehaufe zueglueget. Am Theo isch ganz zweierlei woare, wie er dös lautlose Gewumsel gseah haot und drum haot'r de Leo gfraoget: „Könnet so Ameise it au gfährlich sei?"

„Noi", haot drauf dr Leo gsait. „Die Ameise, wo's bei uns geit, die sind it gfährlich, die sind sogar sehr nützlich." Dann haot'r aber von de heiße Länder verzählt, wo's bluetrünschtige Wanderameise geit und Blattschneiderameise und Termite, lauter ganz andere Ameise, die scho eher gfährlich sei könnet. So ebbes haot em Theo gfalle. Aber hoimlich isch er doch recht froh gwea, daß ma die Ameise bei uns it fürchte mueß.

Ma mueß jetzt no wisse, daß dr Theo it in ara Stadt, sondern in ama Marktflecke gwohnt haot, und dao isch zue de Wiese,

Äcker und Wälder it weit gwea. Der Bue isch drum oft mit seim Hauptfreind Heinz nausgradlet, oifach so, an en Waldrand oder zu dem große, überhängende Feldbrocke am Bächle. Scho oft hand se dao de Reh zueglueget, wie se aus'm Wald rauskomme sind und gräset hand. Oimaol hand se au a Liebspärle gseah. Die hand gschmuset und anand abußlet, fascht wie im Fernseh. Dia zwei Buebe hand dann kittre müesse und sind nao ganz gschwind davogradlet, sonscht hätt'ne der Kerle wahrscheinlich no de Grind verschla.

Letschtin hand die Zwei en nuie, schöne Platz entdeckt. Dao haot ma de Fisch im Wasser zuegucke und, wenn ma si umdreht haot, 's ganze Tal mit seim Waldrand, de Bosche und dem Jägerstand übersehe könne, ohne daß ma oin selber gsehe haot. Bloß a ganz kloins Wiesewegele isch an dem Plätzle vorbeigange. Die Buebe hand si über ihr Entdeckung mordsmäßig gfreit, hand glei d'Schueh radau und sind im Bächle rumgwatet. Dann hand se ama Baure zueglueget, der mit seim Bulldog in dr Nähe gackret haot. Wie der fetig gwea isch, wars scho bald Aobed, und die zwei Buebe hand si zum Hoimfahre gricht. Zmaol hand se ghört, daß dao auf dem Grasweg a Motorroller näherkommt. Zwei Leut sind draufgsesse, hand se bald gseah. „A Kerle und a Mädle", haot dr Theo gsait. Die zwei Buebe hand glei meh an dös Liebspärle denkt, hand anand agrinst und sind nao flach ins Gras neiglege.

Der Motorroller isch langsam den bucklige und kurvige Weg dahigfahre. Wie er scho ganz nah gwea isch, sind dr Theo und dr Heinz zmaol aufgsprunge, hand an de Füeß und

überall ganz wild rumgscherret und sind umanandgjuckt wie narret. Genau nebe dem Plätzle, wo die beide im Gras gleage sind, isch nämlich a größerer und recht guet bevölkerter Ameisehaufe gwea und die Tierle hand drum in ziemle großer Zahl dös dau, was Ameise in ama solle Fall eabe dund. Die kurze Hose von dene Buebe hand dao recht vielfältige Möglichkeite bote. So hand die beide an koin Motorroller oder sonschtwas denkt und sind bloß no aufgsprunge.

Der Fahrer von dem Roller isch aber durch die zwei Buebe, die plötzlich wie aus'm Bode gschosse vor ihm rumgjuckt sind wie die Verruckte, so verschrocke, daß'r sein Karre mit oim Ruck rumgrisse und gleichzeitig scharf bremset haot. Er isch mitsamt seiner Mitfahrerin glei gstürzt, den kleine Hang nakugelet und im flache, klare Wasser vom Bächle glandet. Dr Fahrer haot si oin Arm ghörig verstaucht. Sei Beifahrerin aber haot ihren Hoseanzug verrisse und am Knie a weng bluetet. Dr Motorroller isch bloß deswege it au in Bach neigfloge, weil er glei neberm Weg an en Baumstumpf nagrumplet isch. Dös haot sei Blechverkleidung ziemle verbucklet.

Wie der Fahrer vo dem Uglückskarre dann sein Sturzhelm radau haot, haot'r si als „Leo der Große" entpuppt und mit seim gsunde Arm em Theo glei amaol zerscht oine gschmiert.

D'Beifahrerin, mit dere dr Leo a verschwieges Plätzle aufsueche wölle haot, isch jetzt auf oimaol fuchsteufelswild gwea und haot goschet, daß a Mode ghet haot. Vor allem über de Leo und wie ma bloß so blöd rumfahre ka und überhaupt.

12

Se haot dann au glei am nächschte Tag Schadeersatz für ihr verrisses Gwand verlangt und Schmerzensgeld au. So sind die „zarten Bande" zwische 'm Leo und dem Mädle bei ama ghörige Krach schnell und endgültig grisse.

Dös hätts ja no dau, aber dr Leo haot für den Roller gar koin Führerschei ghet und dös Mädle, Ramona haot se ghoiße, dös Mädle also haot sein schlechte Charakter jetzt glei no dadurch zoiget, daß se de Leo deswege bei dr Polizei naghängt haot. So wird die Sach gau no a gerichtlichs Nachspiel hau.

Zu allem Uglück na haot der Roller gar it em Leo ghört, sondern war von ama Kumpel verdlehnet. Ma ka si denke, was der für a Freid ghet haot, wie er sei Fahrzeug verbucklet und verschätteret meh zruckkriegt haot.

Wie d'Eltere vom Leo so naoch und naoch dös ganz Zuig erfahre hand und au von dere Beifahrerin und wer dös gwea isch, sind se schier in Ohnmacht gfalle. Die „Dame" isch nämlich naoch Asicht von dr Muetter a ganz nixigs Lueder gwea und dr Vater haot gsait, dös sei a ortsbekannte Schnepf.

Dr Leo sell aber, der Uglücksrabe, haot no it zu dene junge Leut ghört, die si ihr Brot scho sell verdienet. Er isch in d'Abiturklaß vom Gymnasium gange. Durch dös ganz Zuig mit dem Roller isch er dann a paar ziemlich wichtige Woche lang „total fruschtriert" gwea und dann beim Abitur prompt durchgfalle. Jetzt mueß er also a Jaohr länger in d'Schuel gau als geplant gwea isch.

Dem kloine Heinz aber, em Hauptfreind vom Theo, hand seine Eltre glei de Umgang mit'm Theo verbote. A Teil von dem Dischput isch scheints it ganz unter Ausschluß der Öffentlichkeit gführt woare und so hand d'Eltere vom Theo wieder a paar von de dabei gfallene Redewendunge erfahre. Dös haot dann meh zu ama offene und ziemlich laute Streit zwische dene beide Väter gführt. Jetzt isch au no a Beleidigungsklage ahängig, und it wenig Leut sind heut scho gspannt, wie dös Gricht so Ausdrück wie „mauschilliger Lätsche", „hochnäsiger Trüeler" oder „Krattler, glatzgrindiger" wohl bewerte wird.

Oins aber isch jedefalls heut scho klar: Die Moinung, dia bei uns lebende Ameise seiet it gfährlich, wird ma neu überdenke müeße.

Fueßgänger—Ampel

An ara Kreuzung, viel Verkehr,
dös rauscht und flitzt glei hin und her,
und dao, a Polizischt geit acht,
daß ja koiner en Fehler macht.

Zu dem kommt jetzt a Weible her:
„Ach bittschön, Sie,Herr Kommissär!
I trau mi gar it recht dao num.
Führets mi doch! I bitt'ne drum!"

„Ja selbschtverständlich Fraule, glei",
sait drauf der Ma der Polizei.
„Bloß en Moment, weils jetzt it gaoht,
denn leider hand mir ja grad Rot.
Wartets a weng, bis Grün kommt drum,
dann gang i gern mit Ihne num."

Dös alte Fraule lacht verlege
und sait naoch kurzem Überlege:
„A so isch dös. No ja, i moi,
bei Grün dao ka i's au alloi."

Musik im Stall

Irgendwann haot oiner felsafescht behauptet, daß d'Küeh meh Mill gea däbet, wenn unterm Melke im Stall a Radiomusik spielt. Dös isch natürle für die Junge auf de Baurehöf a gmähts Wiesle gwea, und naoch und naoch isch so bei eus im Allgäu bald in jeden Stall a Radio neikomme. Die Alte hand natürlich gsait, es sei vor allem wegs em Wetterbericht. Jetzt wearet d'Küeh also mit Musik berieslet, wenn ma ne d' Mill abzapft. Wenns recht hergaoht, dann müßt ma unterm Werbefunk mischte. Oiner haot letschthin gsait, er däb bei de Nachrichte immer de Radio ausschalte im Stall, weil sonscht jedsmaol d'Küeh so schlecht fresse däbet, aber dös glaubt natürle niemed. De Selle kennt ma in siebe Gmoinde rum als ubändige Sprüchmacher und Lugabeitl.
Daomaols, wo i no Küeh gmolke hau, dao haot ma no it amaol im Spitalhof z'Kempte an Radio im Stall ghet – und dao isch gwieß modern hergange. Dafür haot ma in drselle Zeit no vo Hand gmolke und no mit dene Viecher gschwätzt. Scho wenn ma mit Melkstuehl und Kübel zu ara Kueh nagange isch, haot ma gsait: „Jetza, gang a weng num!" oder „So Klara, jetzt kusch du dra." Unterm Melke haots dann diamaol scho au en Grund zum schimpfe gea. Wer dia Arbet kennt, der woiß, daß dös gar it anderscht sei ka.

Bei ama größere Baure haot ma en Schweizer ghet. Dös isch scho a älterer Ma gwea, ledig und außerdem ziemle religiös. Ma mueß aber au sa, daß er a Muschter an Tüchtigkeit und Pflichtbewußtsein gwea isch und dös Vieh in koine bessere Händ hätt sei könne. Am Morge haot er geara Kirchelieder gsunge unterm Melke und zwischenei meh mit de Küeh oder mit'm Hüetebua oder mit dr Magd gschwätzt. Wenns grad braucht haot, dann haotr au zwischenei amaol gschumpfe. Dao sind dann mitunter nette Kombinatione rauskomme und wer den Ma it kennt haot, der hätt'n für en ganz gottesläschterliche Siacha halte müesse. Die Sache sind aber au it für fremde Ohre bestimmt gwea. Bsonders beliebt isch bei ihm in aller Herrgottsfrüeh dös Lied gwea: „Beim frühen Morgenlicht". Es isch ganz bestimmt dr Kueh ihr Schuld gwea, daß ma dao an em schöne Morge haot höre könne: „Beim frühen Morgenlicht, erwacht mein Geischt und spricht, du schwanzlige Sauloas, du ganz dreckete!" Geare haot er au dös Lied möge „Himmels-Au, licht und blau". Dao haot si dann in dr zweiten Stroph amaol ergea, daß dr Hüetbue zum höre kriegt haot: „Sommerfeld, uns auch meld – haosch d'Kälble scho saufa lau?" Wie dann dr Hüetbue „freile, scho lang" gsait ghet haot, isch dr Gsang wieder mehr oder minder andächtig weitergange „wieviel zählscht du Gräslein? Ohne Zahl, soviel mal, sei gelobt das Sakrament."

So ebbes dät heut koim Mensche meh eifalle, wenn dr Pulsator von dr Melkmaschi leise und unermüdlich ticket und im Radio irgend so a Big Band a Musik macht, daß ma moine könnt, ma häb en Hund auf de Schwanz naufdappet.

18

Wenn gar nix klappe will

Es geit Gschichtle, über dia lachet ma no naoch 70 und 80 oder no meh Jaohr, aber dettmaols, wo se passiert sind, isch dene, dia davo betroffa gwea sind, ganz und gar it zum Lacha gwea. Solle Geschichtle haltet si in ama kleinere Ort, wo si dia moischte Leut scho generationalang kennet, viel besser als in ara Stadt. Dao geits au moischtens Leut, dia solle Sache no richtig verzähle könnet, obwohl se's gar it sell verlebt hand, weil se ja dettmaols no mit de Mucke gfloga sind. Grad geara verzählet se solle Geschichtle und d'Leut höret au immer wieder geara zua, wenn's dia moischta au scho lang kennet.

Dao isch zum Beispiel dia Sach, wo amaol in am mittelschwäbische Flecke d'Molkerei brennt haot. Von alle Seite sind d'Leut komma und hand gholfa beim Ausrauma, denn dr Käser mit seiner Familie haot ja im erschte Stock doba gwohnt. Es haot natürlich fürchtig pressiert, und drum hand a paar so Helfer gschwind, aber vorsichtig dös Gschirr von dene Käsersleut in a paar Bettziacha neibeiget. A anderer isch dann damit zum offene Fenschter grennt und haot nagschria: „Oooobaaacht!!" Dann haotr dia Bettziacha mit dem Geschirr aus ugfähr 4 Meter Höhe aufs Pflaschter nagworfa.

Auf dia Weis sei it bloß's Gschirr, sondern au dia Bettziacha sauber hi gwea. Andere Helfer hand zur gleicha Zeit d'Federbetter wias heilig Öl über d'Stiag natraga und dussa ganz vorsichtig naglegt.

Wia gsait, heut lachet ma drüber, aber dene Käsersleut isch wahrscheinlich it zum Lacha gwea. Oi Nachbarhaus von dera Molke war dr Metzgermoischter Häberle. A ziemlich alts Haus sei dös gwea und beim Häberle haot ma allaweil vom Abrecha und vom Baua gsait, aber wia's halt denn gaoht: Ma haots halt allaweil meh um a Jährle verschoba.

Wia jetzt zmaol neabadana d'Molke brennt haot, isch dr alt Häberle gschwind in sein Dachboda nauf, haot a Portio Dachplatte a weng hochzoga und a weng a Stroh nausgschoppet. Dazua soll er allaweil wia beschwörend gsait hau: „Fuier, dao komm rei, komm! Dao komm rei! Luag, dös schö Stroh! Dao hammer ebbes für di!" Es isch aber a ganz anderer Wind ganga und der haot dia Flamma und Funka all vom Häberle seim Haus wegtrieba, so daß dös ganz Stroh und au dia Beschwörunga nix gholfa hand. Es haot beim Häberle halt ums Verrecka it brenna wölla.

Ma ka also scho saga, daß dettmaols oifach gar nix klappt haot, dettmaols beim Brand vo dr Molke. Dr Metzger Häberle haot a Jaohr drauf sei alts Haus weggrissa und a schöns Geschäftshaus nabaut. Dös staoht heut no.

In Einöden und Weilern

Bei eus, im Allgäu auf'm Land, sind früher d'Dörfer recht
klei gwea. Außer dr Kirche mit Pfarrhof, dr Schuel, ama
Wirtshaus, dr Käskuche, vielleicht no ama Bäck, zwei oder
drei kloinere Hoimetle und etle Pfreadstüble war dao
höchschtens no a Schmied und a Wangerei und dao und dett
vielleicht a Schueschter oder a Schneider oder a Zimmerei.
Dia moischte Einwohner von dr Gmoind hand zum Teil
ziemle weit dusse auf dene Oinödhöf und kleine Weiler
gleabt. Ins Dorf rei sind dia normalerweis bloß an de Sonn-
täg komme, außer de Kinder natürle, dia ja in d'Schuel
müesse hand.
Manchmaol hätt ma fascht moine könne, in dene Weiler und
Oinödene lebt a ganz anderer Menscheschlag. Im Dorf, dao
isch ma Leut um si rum gwöhnt gwea und a kleiner Hoigate
mit'm Naochbaure war dao ebbes ganz Normals. Auf so ara
Oinöde aber haot ma scho glueget, wenn ma ebber auf dem
Weg gseah haot, der am Haus vorbeigange isch. Dr nächscht
Naochbaur war und isch moischtens heut no a paar hundert
Meter weg und ma haot'n di ganz Woch höchschtens von dr
Weite bei irgendara Arbeit in seine Wiese gseah.
Interessant isch dös Verhältnis zue de Naochbaure auf dene

Oinödhöf scho gwea. Natürle haot ma anand gholfe, wenn's braucht haot. Wenn a Naochbaur gfraoget haot, ob ma'm it bei dem und dem helfe dät, dann isch em a Hilf so sicher gwea wie's Amen in dr Kirche. Dao haots dann sogar sei könne, daß Oiner sein Knecht samt Fuhrwerk zum Naochbaure gschickt haot, für oin Tag oder zwei, wenn dao grad „Not am Mann" gwea isch. Dös isch zwar it grad oft, aber doch hie und da vorkomme. Dao haots allerdings scho moischtens ziemle weit fehle müesse, bis oiner sein Naochbaure um so en große Gfalle agange isch, denn dös Verhältnis war fascht immer „eher kühl", wie ma heut sage dät.

Andererseits aber haot ma doch au ziemlich genau Obacht gea, was der und der Naochbaur schaffet und duet, bsonders im Sommer. Dao haot dr Baur dann scho zu seine Dienschtbote vorwurfsvoll sage könne: „Dao, beim Pichler sind se scho beim Loreie-Straie duß! Bei eus kutt ma meh it naus!"

A andersmaol haot ma dann meh höre könne: „Lue no grad, dr Häfele duet ja scho Hoize ra! Vielleicht ka ma dem Wetter doch traue." Oder „daß der Bochtler scho Schlaua macht? Dös Heu ka doch no it guet sei. In vier Woche ka er dann meh de Heustock ausanandreiße wie vor zwei Jaohr."

Ma haot au selte so guet sehe könne wie auf dene Oinödhöf, daß Schadenfreude die reinste Freude isch, grad bei so kleine Ärgerlichkeite, die's ja auf ma Baurehof oft geit. I ka mi no guet erinnere, wie oimaol oiner von eusere Naochbaure en Heuer ghet haot und der haot it bsonders guet mähe könne mit dr Seages. Beim Ausmähe von dene Zäun und Gräbe haot der also, wie ma so sait, a Sauarbet gmachet, no drzue

grad an dr Grenz zu eus rum. Mir aber hand gar it gnue lache
und kittre könne, wia mir gseah hand, wie dao dös Gräs meh
agrupfet als agmäht gwea isch, weil's dem Heuer it gschnitte
haot.
Eusere Naochbaure hand drfür meh glachet, wia ma bei eus

auf oimaol Ochse und sogar Hägel eigspannt haot, weils mit dem nuimodische Bulldog alloi doch it so gloffe isch wia ma zerscht gmoint haot. Wia aber dr oi Naochbaur, der fascht 30 Tagwerk weniger ghet haot, au en Bulldog kauft haot, no drzue oin, der sogar a weng größer und vor allem viel schöner und farbiger gwea isch, dao haot ma dann bei eus meh de Kopf gschittlet und mitleidig glachet.

Beim andere Naochbaure haot ma geare a weng wäh dau und oi hand sogar gsait, die saiet a bitzle protzig. Dao haot ma amaol en guete, tüchtige Roßknecht ghet. Dem haots aber vor lauter „Wäh- Tue" it bsonders guet gfalle an dem Platz. Was aber dös Arbeitsverhältnis von de Dienschtbote agange isch, haots dettmaols im Allgäu no in dene Jaohr vor am Zweite Weltkrieg a ugschriebes, aber allgemein gültigs Gsetz gea: Wenn a Baur Wert drauf glegt haot, daß dr Knecht oder d'Magd oder dr Stallbue oder d'Kindsföhl naoch Liameß meh bleibt für a Jaohr, dann haotr im späte Herbscht scho amaol so neaba dr Arbet her gfraoget: „Was duesch auf Liameß? Bleibsch meh?", oder so ähnlich. Dös heißt, bei de weibliche Ehalte haot moischtens d'Bäure gfraoget.

Wer so gfraoget woare isch, haot dann entweder „Ja" sage könne oder „Noi, i möcht woanderscht nagau." Des Wort haot golte und ma haot dann moischtens numme viel drvo gschwätzt. Wenn ma aber it gfraoget haot, dann haot der betreffend Dienschtbot glei gwißt, da ma nix dagege hätt, wenn'r auf Liameß sein Kufer packe dät und woanderscht naging. Natürlich haot dr Baur au sage könne: „Auf Liameß kasch dr en andere Platz sueche!" Aber dao haots scho ziemle weit fehle müesse, wenn ma dös gsait haot. Den Brauch

24

haot ma in jedem Baurehaus guet kennt und respektiert.
Bloß euser wäher Naochbaur, der haot scheints gmoint, für
ihn däb dös it gelte. Der haot wahrscheinle denkt, der
Knecht müeß no froh sei, daß'r bei ihm schaffe derf und
könnt si deswege no bsonders deuche. Drum haot'r sein
guete Fuhrknecht, mit dem er haot wohl zfriede sei könne,
im Herbst gar it lang gfraoget, ob er meh bleibt oder it.
Zwei Täg vor Liameß haot dann der Knecht naoch'm Nacht-
esse ganz ruhig gsait: „Baur, dund mir meine Papier fetig
mache. Übermorge isch Liameß, i gang."
Dr Baur und d'Bäure sind aus alle Wolke gfalle und hand
gsait, daß er ja gar it kündigt häb und so gang dös it und se
häbet ja gar koin Ersatz usw. usw.. Der Knecht aber haot
ganz ruhig gsait: „Ihr hand mi it gfraoget."
Dettmaols isch scho's „Dritte Reich" am Rueder gwea, und
weil dao in manche Sache d'Polizei mehr dreigschwätzt haot
als früher, isch dr Naochbaur glei auf sei Fahrrad naufghok-
ket und in de Flecke neigfahre zum Schandarm. Der haot
den Baure aghört und dann haot'r gsait: „Hand Ihr den
Knecht gfraoget, ob'r meh bleibt?" Euser gueter Naochbaur
haot dann zuegea müesse, daß'rn it gfraoget haot.
„Nao isch der Knecht im Recht", haot drauf dr Schandarm
gsait. „Dao isch nix zmachet. Dia alte Bräuch geltet alleweil
no. Warum sollet dia au zmaol jetzt numme gelte?"
Jetzt haot dr Naochbaur auf oimaol koin Knecht meh ghet
und sell in Roßstall gau müesse. Über so ebbes haot ma dann
natürlich wieder ausgibig kittre müesse. Wie er aber dann im
Frühling mit dr Arbet ziemle hinte nakomme isch, weil'r so
schnell au koin Knecht gfunde haot, dao haot euser Bauer de

Fuhrknecht mit'm Bulldog zwei Täg lang numgschickt zum Helfe. „An Naochbaure laot ma it hange", haot'r gsait. Dös haot mit Freundschaft oder so gar nix zum tue ghet. Ma haot überhaupt selte verlebt, daß Naochbaure befreundet gwea sind. Ma haot gholfe, weils dr Naochbaur gwest isch und weil ma nia gwißt haot, ob und wann ma selber au recht froh um d'Hilf vom Naochbaure isch. Dös haots schnell hau könne. Grad 's Kälbre war dao so a Kapitel. Dao haot ma geare zu ama Kind oder zum Hüetebue gsait: „Spring (oder radle) gschwind zum Soundso num und sag en schöne Grueß und dr Baur laot fraoge, ob Ihr it so guet wäret und a weng beim Kälbre helfe dätet." Den Naochbaure haots eigentlich gar it gea, der dao it sofort sei Arbet naglegt und gholfe hätt. Und wenn dann alls guet gange isch, dann haot si dr Naochbaur fascht grad so gfreut wia der, dem Kueh und Kälble ghört hand.

Wenn'r aber bei dere Gelegaheit so neabazue gseah haot, daß ma dao und dett en ghörige Zuig umanand und a rechts Huaraglump haot und daß dahoi dös und's sell scho viel besser isch, dös, ja dös haot'n dann ganz hoimle au a bitzle gfreut.

„Noachbaure sind au Leut" haot amaol oiner gsait. Dös hätt irgendwie witzig sei solle. Ma haot si halt eabe auf d'Länge dr Zeit, durch Jaohr und Täg seine Naochbaure bloß so zeige könne wie ma wirklich gwea isch, mit alle Tugende und Uförm, die ma halt ghet haot. „Wo Mensche sind, dao menschelets" — dös haot in dem Verhältnis zwische de Naochbaure bsonders golte. Ma haot zwar ama Naochbaure ganz gwieß nix Schlechts gwunsche, aber ma haot'm au ebbes wirklich Guets, en bsondere Glücksfall oder so, selte so recht vergonnt.

Händel und Feindschaft zwische zwei Naochbaure waret ebbes Args. Drum haot ma's regelrecht gfürcht und normalerweis, also wenn dia beide a weng a Hiare ghet hand, it so weit komme lau. Oft hand si dao andere Baure als Vermittler eigschaltet, daß ja koine Händel gea haot zwische zwei Höf, von dene ja a jeder au meh a Verwandtschaft und Ahänger ghet haot.

Weil ma anand gar so guet kennt haot, isch es recht selte vorkomme, daß a Bue und a Mädle aus dr nächschte Naochbarschaft gheiret hand. Und wenn si doch amaol zwische zwei Naochbaurskinder ebbes agsponne haot, dann hand normalerweis bei beide dia Alte zerscht amaol ghörig goschet. „Findsch denn Du nix anders, ha?" haots dann ghoiße.

Wenn aber a Bäure a Kind kriegt haot, dann sind d'Naochbäurinne vollzählig zum Weise komme, hand a Gschenkle braocht und alls Guete gwünscht. Und haot oiner auf so ama Hof sei irdische Wanderschaft beendet, dann warets au seine Naochbaure, dia ihn zu seiner letschte Ruhestatt trage hand, als letschten Naochbaursdienscht sozusage.

Ma haot dettmaols für dös ganz Zuig, was d'Naochbarschaft betroffe haot, koi oiges Wort ghet und au gar it braucht, weils erschtens selbschtverschtändlich und zweitens gar it so oifach zum beschreibe gwea isch. In dr „hohe Politik" hand se aber inzwische a Wort gfunde drfür. Ma kennts wahrscheinlich fascht auf dr ganze Welt, wenn au dia wenigschte wisset, was es richtig bedeutet: „Koexistenz".

A gueter Nachbar

A gueter Nachbar isch a Ma,
dem ma in allem traue ka,
dem geabe kasch de Wohnungsschlüssel,
der dir it schaut in d'Suppeschüssel,
bei dem it stundelang dr Hund
im Garte bellt ganz ohne Grund,
der di, bloß weil er haot mehr Geld,
au it bloß für en Deppe hält
und der it allbott bei dr Nacht
an Krach und an Spektakel macht.

A gueter Nachbar hilft, wenn's braucht,
und laoßt si helfe, wenn's ihn schlaucht.
A gueter Nachbar schwätzt mit dir,
it zviel, it zwenig vor dr Tür.
Er geit it acht auf Schritt und Tritt,
er hilft dir traure, freut si mit,
von koim gar zviel, doch dafür ehrlich.
Er hält si it für unentbehrlich,
du und dei Sach isch it sei Streba,
und doch isch er fascht 's halbe Lebe.

I bi feetig!

Wia mei Brueder Emil amaol so weit gwea isch, daß'r alloi aufs Häusle gau könne haot, war dös, glaub i, für euser Muetter, wia wohl für alle Müettere, scho so ugfähr dös, was ma heut a „Erfolgserlebnis" hoiße dät. Dös isch bei mir, der i siebzeh Monat älter gwea bi, zwar sicher gradso gwest, aber dao ka i mi komischerweis gar numme dra erinnere.

Wia gsait, dr Emil isch also eines Tags au so weit gwea, aber so ganz „selbständig" war er halt doch no it. Zum Schluß haot er dao, wia alle kleine Kinder, halt doch no d'Muetter braucht. Daß dia aber it neabanastau und wate müesse haot, isch em kleine Emil gsait woare, er solls sage, wenn er so weit isch. Jetzt war dös aber so a Sach mit dem „Sage". Wenn nämlich d'Muetter grad drnaoch bei ara Hausarbet gwea isch, dann haot se öfters gar it höre könne, daß der klei Bue ebbes Wichtigs sait. Also isch dem gar nix anders übrigbliebe, als daß'r laut und deutlich hörbar gschria haot, und daß d'Muetter au gleich gwißt haot, was los isch, haot'r eabe gschria: „I bi feetig!" I hau dös au für ganz normal und richtig aglueget und mir gar nix dabei denkt.

Ma mueß jetzt allerdings no wisse, daß mir daomals im Parterre von ama ältere Mietshaus mit ugfähr acht oder zeha Mietsparteie in dr Fuchsbühlstraoß z'Kempte gwohnt hand.

Dao bin i amaol an ama schöne Namittag im Hof dunde gwea und hau zueglueget, wia dr Herr Schwegele mit dr Hand Brennholz gsäeget haot. Neabadett hand a paar Fraue Wäsch aufghängt und drbei a bitzle mit dr Boschemuetter gschwätzt. Dös isch d'Hausmoischtere gwea. Se haot ebanei in ara Kellerwohnung gwohnt.

Auf oimaol haot ma de Emil höre schreie: „I bi feetig!" Wia üblich, isch's Fenschter von dem „Kabinett" offe gwea, und so haot dös in dem Hof zwische dene Häuserwänd so laut dau, daß ma's in dr ganze Nachbarschaft leicht au hätt höre könne. Dia Fraue mit ihrer Wäsch hand anand aglueget und dann verständnisvoll glächlet. Bloß dr Herr Schwegele isch dao scheints it ganz mitkomme und haot mi drum gfraoget, mit was dr Emil fetig sei. Dao hau i mi aber nao doch arg schiniert, dös z erkläret und hau drum bloß gsait: „A mei, halt aso." Dr Herr Schwegele haot nao glachet, daß ma glei sein Goldzah blitzge seah haot.

I hau dann aobeds natürlich Vater und Muetter verzählt, wia guet ma dusse im Hof am Emil sei „Mitteilung" höre däb, wia die Fraue glachet und was dr Herr Schwegele mi gfraoget häb. Dr Vater haot nao glachet, aber d'Muetter haot gsait: „Jöches noi!"

Von dettweg haot dr Emil dann halt „sei Nachricht" a bitzle leiser aufgeabe, so lang dös no notwendig gwest isch. In unsrer Familie aber haot der Ausschpruch „i bi fetig" weit über a halbs Jahrhundert lang en ganz bsondere, eigene Klang ghet. Ma haot anand dann immer a weng verständnisinnig aglueget und a bitzle glächlet, als wollt ma sage „woisch no?"

I hau mein Brueder 1944 's letschte Maol gsea, wo mir amaol mitnand Urlaub ghet hand. Er haot vor mir meh wegfahre müesse, und wia am Bahnhof dr Zugschaffner gruafe haot „fertig!", haot dr Emil mir auf d'Schulter ghaut, glachet und gsait: „I bi fetig! Also, Bruederherz, pfüed di und machs guet!" A guets halbs Jaohr später, im April 45, isch er dann no gfalle.

Wia dann ugfähr fünfazwanzg Jaohr schpäter mei Muetter mit fascht achzg Jaohr im Krankehaus gleage und von Tag zu Tag weniger woare isch, dao haot se mi bei oim von meine letschte Bsuech so merkwürdig zfriede aglueget, a weng glächlet und gsait: „Weisch, i ka jetzt au bald sage wie dr Emil ‚i bi fetig'."

So könnet alltägliche Wörter und Redewendunge si selbschtändig mache und mit dr Zeit a Gwicht und a Bedeutung kriage, wenns au vielleicht bloß für a paar Leut isch. Ma ka drum mit Wörter gar it vorsichtig gnua umgau.

I jedefalls krieg immer so a ganz merkwürdigs Gfühl, wenn ebber sait „i bi fetig". Wenn i au no so naoch Wörter suech, i ka dös Gfühl it beschreibe.

Schilliger Siach und Weißer Sonntag

Ich glaube, daß in der Zeit meiner Kindheit den Kindern in den Familien nicht weniger Zuwendung, sondern Zuwendung in anderer Form und mit anderem Inhalt als heute zuteil wurde. Die Kinder waren trotz, oder wahrscheinlich gerade wegen der miserablen Zeiten nicht lästiges Hindernis im Bestreben, sich der Genüsse des Lebens möglichst früh, restlos, umfassend und lange zu erfreuen. Sie waren aber auch nicht der unbestrittene Mittelpunkt, die Hauptperson in der Familie, nach deren Wünschen und Launen sich alles zu richten hatte. Diese beiden Extreme, Entartungen, so gegensätzlich sie sind, blieben unserer Zeit mit ihrer vielfältigen Maßlosigkeit vorbehalten.

Am Weißen Sonntag aber stieg man aus der gewohnten Rolle dessen, der in erster Linie zu gehorchen, oder, wie man bei uns sagt, zu „folgen" hatte, unvermittelt in die Rolle der Hauptperson um, wenn man „das Kommunionkind" war. An diesem Tag war nicht die Rede davon, Schnittlauch aus dem Garten, Kohlen vom Keller oder Holz vom Dachboden zu holen oder gar Schuhe zu putzen. Auch die schlechte Handschrift, die häufigen Leichtsinnsfehler im Rechnen und das lange Herumtrödeln auf dem Heimweg von der Schule wurden mit keinem Wort erwähnt, geschweige denn die verabscheuungswürdigen Ausdrücke oder das gelegentliche Nachmaulen. Nein, das hätte zu dieser Rolle mit ihrer Glorie und dem unbestimmten Hauch von Reinheit, fast Heiligkeit wirklich überhaupt nicht gepaßt.

Das alles hat natürlich schon sehr gutgetan, aber es verlangte auch, daß man sich selber ebenfalls entsprechend würdig benahm und da fehlte es halt ziemlich an der Übung. Bei meiner Erstkommunion war sogar die Großmutter schon am Samstag eigens von Irsee bis zu uns nach Kempten gefahren. Schon das war ein Ereignis von absoluter Einmaligkeit. Am Vorabend behandelten mich alle Menschen meiner Umgebung mit fremdartiger, ja schier unheimlicher Freundlichkeit und Behutsamkeit. Bei so viel Liebenswürdigkeit wußte ich gar nicht mehr so recht, wie ich mich jetzt verhalten sollte. Ich hielt es für am besten, selber möglichst wenig zu reden. So schien mir die Gewähr, nicht unangenehm aufzufallen, am ehesten gegeben. Großmutter hatte mir das „Neue Laudate" mitgebracht, in Leder gebunden, mit Goldschnitt und ganz dünnen Blättern. Darin habe ich dann gelesen. Natürlich habe ich an diesem Abend nicht, wie sonst meistens, ein Gesicht geschnitten oder gar gemault, als Vater und Mutter um acht Uhr in ungewohnt liebenswürdigem Ton meinten, es sei für mich jetzt wohl Zeit zum Schlafengehen.

Selbst Emil, mein um eineinhalb Jahre jüngerer Bruder ließ sich von der allgemeinen Stimmung anstecken und benahm sich in jeder Beziehung zurückhaltend, was eigentlich gar nicht zu ihm paßte. Mutter sagte gewöhnlich, wenn sie uns

zwei zu Bett brachte: „Daß mir frei ja it no lang gratscht wird! Ihr schwätzet beim Tag gnua. Jetzt wird gschlaofe, gell!" Ihre Stimme klang dann meist irgendwie energiegeladen. Heute sagte sie: „Also, guets Nächtle! Duesch glei schläfele heut, gell!"

Bei soviel Liebenswürdigkeit und Güte hielten wir zwei Buben es wirklich für besser, wenigstens heute nicht im Bett zu schwatzen. Wir wußten auch gar kein richtiges Thema, das heute gepaßt hätte.

Der Morgen des großen Tages war dann schon daheim von einer merkwürdig festlichen Stimmung überstrahlt. Die Sonne schien und allein schon der Umstand, daß Vater seinen Klappzylinder aufsetzte, verlieh dem anschließenden Gang zur Kirche den Glanz nicht mehr zu überbietender Festlichkeit. Vater ging mit Großmutter und Emil zusammen, ich aber wurde von Mutter begleitet. Den Honigduft meiner schönen Kerze rieche ich im Geist noch heute. Sie war das Geschenk einer Tante. Mein neuer, dunkelblauer Bleyle-Anzug mit weißem Kragen, die weißen Handschuhe und die dunkelblaue Schirmmütze waren neben der schönen Kerze das äußere, sichtbare Zeichen ungeheurer Bravheit.

Unterwegs traf ich dort, wo die Margarethenstraße in die Bodmanstraße mündet, einen Schulkameraden, den Fesinger Albert. Auch er ging, von seiner Mutter begleitet, in festlicher Aufmachung der Kirche zu. Die Mutter war eine alleinstehende, ziemlich dicke Frau, die einen nicht zu übersehenden Kropf hatte und Kartenschlagen konnte, wie es hieß. Mit dem Albert verstand ich mich ganz gut, aber mit seiner Mutter weniger. Sie hatte mich wegen einer harmlosen Rempelei, die ich vor ein paar Wochen mit Albert auf der Straße hatte, einen „schilligen Siach" geheißen.

Ich muß zugeben, daß ich in diesem Punkt ziemlich empfindlich war, und deshalb habe ich noch am selben Tag Vater erzählt, was die Frau Fesinger mich geheißen hatte. Der Vater aber bekam sogleich große, drohende Augen und ging ungesäumt zu Frau Fesinger. Dieser sagte er kurz und knapp: „Wenn Sie mein Buebe noamaol an schillige Siacha heißet, dann hoiß ich Sie an kropfete Hafa!" Seitdem existierte ich für die Frau Feisinger nicht mehr, aber mein Verhältnis zum Albert war nach wie vor in keiner Weise getrübt.

Als ich ihn jetzt mit seiner Mutter sah, sagte ich „Grüß Gott, Frau Fesinger!" und dann, im legeren Ton des Zehnjährigen: „Servus Fese!" Die Frau Fesinger verzog den Mund zu einem dünnen Lächeln, der Alfred aber sah mich nur an, lächelte wie ein leibhaftiger Engel und nickte mit dem Kopf.

Meiner Mutter, die wußte, was Vater zu dieser Frau gesagt hatte, war das Ganze schrecklich peinlich. Sie beschleunigte ihre Schritte und verhinderte so, daß ich in meiner Arglosigkeit zusammen mit dem Albert und seiner Mutter womöglich bis zur Lorenzkirche gelatscht wäre.

Es wurde dann den ganzen Tag nicht mehr vom Fesinger Albert oder gar von seiner Mutter geredet und alles war sehr, sehr schön; so schön, daß ich noch heute, nach über fünfzig Jahren, um Ostern herum gerne daran denke. Die flüchtige Begegnung am Weißen Sonntag mit dem Albert hätte ich bestimmt inzwischen längst ebenso vergessen wie unzählige andere Bagatellen, wenn ich mir nicht von meiner sonst herzensguten Mutter ein paar Wochen später einen deftigen Rüffel eingehandelt hätte. Der Grund: Ich hatte das erste Mal seit der Erstkommunion wieder einmal nachgemault, weil ich den mir gar nicht zusagenden Auftrag erhalten hatte, außer den meinigen auch Vaters großmächtige Schuhe zu putzen.

Im Verlauf dieses Rüffels, in dem die erst kurz zurückliegende Erstkommunion eine gewichtige Rolle spielte, wurde ich dann daran erinnert, daß ich mich selbst auf dem Weg zur Kirche nicht habe benehmen können, wie es sich für einen halbwegs anständigen Buben an diesem Tag gehört hätte. Ja, dieser Albert, den ich in so unpassender Weise mit „Servus Fese!" begrüßt hätte, der habe gewußt, was sich gehöre.

Das berührte die Erinnerung an meinen Weißen Sonntag geradezu schmerzlich, hatte ich mir doch wirklich vorgenommen, künftig ohne Widerrede zu folgen, dies und jenes nicht mehr zu sagen und sonst noch eine Reihe von Unarten und Untugenden nach besten Kräften zu bekämpfen. Inzwischen aber hatte ich bemerken müssen, daß weder meine Mitschüler, noch die Lehrer oder sonstwer sich anscheinend etwas derartiges vorgenommen hatten.

Ich habe dann noch eine ganze Weile darüber nachgegrübelt, was ich als Erstkommunikant anstatt „Servus Fese" hätte sagen sollen und wie schwer, ja fast unmöglich es war, die Erwachsenen, die es ja doch im Grunde gut meinten, zu verstehen.

Der Genetiv

Dös isch wohl no nia viel anderscht gwest als heut: A Bue haot moischtens en Spitzname. Es haot natürlich au immer scho oine geabe ohne Spitzname, aber dene war dös selber moischtens gar it so ganz recht. Oft woiß ma gar numme, wo der Name überhaupt herkommt und warum und wieso.

Dös isch beim Gene ebbes anders gwest. ‚Gene', dös haot eigentlich ‚Genetiv' ghoiße. Aber dös isch für an Buebe- —Spitzname natürlich z'lang und drum haot ma die Endsilbe oifach weglau mit dr Zeit, naochdem ma de Herbert Grün — so haot der Bue richtig ghoiße — a Weile mit ‚Genetiv' trätzt ghet haot. Zerscht isch er richtig narret gwest, wenn ihn seine Klassekamerade laut und spöttisch ‚dr Genetiv' ghoiße hand. Aber dann isch dao draus dr ‚Gene' woare und koi Mensch haot meh an die Blamasch denkt, die am Afang von dere ufreiwillige Namensgebung gstande isch.

Dr Herbert Grün isch dr Sohn von ama Lehrer und eigentlich koi schlechter Schüeler gwest, aber er haot gern a bitzle bsonders gscheit dau. Oft haot er so ganz- oder halbverlogene Gschichtle verzählt, bei dene er natürlich immer entweder recht guet daogstande isch oder ebbes verlebt haot, von was andere Buebe kaum traume könnet. Er haot dann fascht so gschwätzt, wie wenn er sell a Lehrer wär und es haot scho Buebe gea, die hand em andächtig zuegloset und alls glaubt. Aber dao waret au bald it wenig, die ihm fascht überhaupt nix meh glaubt hand, und wenn's dr Herbert grad it ghört haot, hand se gsait, daß er bloß a rechter Lugabeitl sei.

In dr Schuel haots oi Fach gea, dao waret viele besser als dr Herbert Grün, wenn ma au it sage ka, daß er dao direkt schlecht gwest wär. Dös Fach war ausgrechnet Deutsch. Dao isch er in manche Sache oifach oft richtig usicher gwest. Dös isch zwar andere oft au it viel besser gange, aber beim Herbert isch's halt bsonders aufgfalle, weil er doch geare a weng überlege dau haot. Dettmaols, wo ma in dr Sprachlehre a Reihe so bsondere Wörter durchgnomme haot, die alle immer mit'm „Zweite Fall", also mit'm Genetiv standet, dao isch es eigentlich agange. Dös sind so Wörter wie ,wegen', ,trotz', ,kraft', ,bezüglich', ,dank', ,angesichts' usw. Ganz abgsehe davo, daß mir einige davo zumindescht so no gar it kennt hand, isch es uns scho gspäßig vorkomme, daß es falsch sei soll, wenn mir saget: ,Wegen dem schlechten Wetter ...', sondern daß es richtig heiße müßt: ,Wegen des schlechten Wetters ...'

Dr Herbert haot zerscht eher mitleidig über die blöde Wörter glächlet und dere Sach koi rechte Beachtung gschenkt. Dann hand mr aber eines Tages en Schuelaufsatz schreibe müesse, in dem mindeschtens drei oder vier von dene Wörter richtig und sinnvoll hand agwendet weare solle. Dao hand dann oi en böse Zuig gschriebe, aber dr Herbert haot de Vogel abgschosse. Er haot nämlich unter anderem

gschriebe: „Wir müssen diese Schulaufgabe wegen dem Genetiv schreiben. Das kann der Herr Professor Kraft von seinem Amt verlangen."
Er haot koi guete Not kriegt für den Aufsatz. Der Lehrer aber haot a paar Sätz davo rausgschriebe und als Muschterbeispiel 1. für grobe Fehler und 2. für en typische Blödsinn dann vorglese, aber natürlich it gsait, wer so en Mischt gschriebe haot. Die ganz Klaß haot gradnaus gschrie vor Lache und alle hand si gfraoget, wer den Super-Blödsinn wohl gschriebe hau könnt. Wie dr Lehrer dann die benotete Aufgab verteilt ghet haot, schwätzt dr Herbert grad lang und breit mit seim rechte Banknachbar und laoßt sein Aufsatz leichtsinnigerweis a paar Sekunde offe auf dr Schuelbank liege. In der Zeit haot dann sei linker Nachbar in dös Blatt neiglueget und sieht dabei den nette Satz ,wegen dem Genetiv' dick rot unterstriche. Wie dös dann weitergange isch, ka si ja jeder selber vorstelle, der lang gnue in d'Schuel gange isch. Dr Herbert Grün aber isch von dett weg zerscht ,dr Genetiv' und dann ,dr Gene' gwest, Jaohr um Jaohr. No, wie si die Klaß naoch'm Abitur vonanander verabschiedet haot, hand se zu ihm gsait: „Also, Gene, machs guet! Mir treffet uns wieder!"
Dr Gene wollt ursprünglich au Lehrer werde wie sei Vater, aber irgendwie isch ihm dao, glaub i, der gelegentliche Ärger in Deutsch eigfalle, und dann isch er Zahnarzt woare; a recht gueter Zahnarzt ibrigens, mit Doktortitel. Sei Praxis isch bloß ugfähr 40 Kilometer von seiner Hoimat entfernt. Em Lehrerberuf haot er dann durch dös sei Referenz erwiese, daß er a Lehrerin gheiret haot.

Inzwische sind seit dere Schuelzeit scho so viele Jaohr vergange, daß dr Gene von damals jetzt scho die erschte Astecknaodle und Urkunde für langjährige Treue und besondere Verdienste kriegt. Wegs so ara Urkunde wär aber beinah vor kurzem der Zoare mit'm Genetiv noamaol agange. Dao isch nämlich draufgstande, eigrahmet und fein säuberlich in gotischer Schrift auf echtem Pergamant: „Für 25 Jahre verdienstvollen Wirkens". Dahoim haot'r die Tafel seiner Frau, dr ehemalige Lehrerin, zoiget und gsait: „Du, schau amaol. Isch dös überhaupt richtig? I moin, richtig Deutsch? Dös kommt mir so gspäßig vor irgendwie." D'Frau haots glese und dann sait se, sie glaub, es müeß doch heiße: „Für 25 Jahre verdienstvolles Wirken". Ja, wenns heiße dät ,wegen 25 Jahren' usw., dann däts heiße müesse ,Wirkens', dann wär dr Genetiv richtig. Aber so dei dös falsch, haot se gsait.

Dr Gene haot si dann a weng gärgeret. Er haot aber au a weng über die Leut lächle müesse, die so ebbes schreibet. Die schö, teuer Urkunde aber haot'r it aufghängt in seim schöne Haus.

Letzthin isch a alter Schuelfreund zum Gene auf en kurze Bsuech komme, dr Hofmüller Franz. Der haot naoch dr Schuel Germanistik studiert und Geschichte und weiß Gott was no alls. Die zwei hand dann bei ma guete Gläsle Wei alte Erinnerunge aufgwärmet und zwischenei au a weng über die heutig Zeit gjaumret. Au den allgemeine Verfall auf dem Gebiet „Bildung" hand se mitnand beklagt und dao zieht dr Gene als Muschterbeispiel dös Ehrediplom hinter ama schöne, eichene, altdeutsche Schrank vor. „Dao, schau bloß dao her! Dao schreibetse großmächtige Urkunde und könnet it amaol richtig Deutsch!"

Dr Hofmüller Franz haot scho a paar Büecher gschriebe und bildet seit viele Jaohr Studente aus. Er haot den Text glese und dann sait'r a bitzle verlege: „Wieso? Was soll dao falsch sei?"

„Ja dao! So a Schmarre: ‚Fünfundzwanzig Jahre verdienstvollen Wirkens'. Es heißt doch ‚Fünfundzwanzig Jahre verdienstvolles Wirken'. Dös isch doch klar, oder. Dös braucht ma doch Dir sicher it sage."

Dr Hofmüller Franz haot dann de Gene ganz vorsichtig drauf higwiese, daß ma ja au sait und schreibt ‚nach zehn Jahren größter Not' oder ‚in Wochen bescheidenen Glückes' oder ‚Stunden der Angst' oder ‚20 Jahre stabilen Wachstums'. „Noi, der Genetiv isch dao scho richtig. It umsonst geits heut sogar scho en Slogan ‚Rettet den Genetiv!'"

Dr Gene haot drauf bloß a bitzle wehmüetig glächlet, abgwunke und de Kopf gschüttlet. Seitdem aber naget an ihm a leiser Zweifel, ob sei Frau überhaupt so a guete und tüchtige Lehrerin gwest isch, wie se scho seit über dreißg Jaohr immer behauptet.

Die Urkunde aber hängt er jetzt erscht recht it auf, scho wegs dem Huerements-Genetiv.

Grundsätze

Grundsätz hau isch richtig,
die sind ziemle wichtig.
Grundsätz mueß ma hau,
anderscht ka's it gau.
Grundsätz mueß ma pflege,
darf se it verlege.
Grundsätz sind a Pflicht
und se hand a Gwicht.
Guete Grundsätz mueß ma hau.
Die kasch ruig au falle lau.
Mach dr dao nix draus,
die haltet was aus.

Madonna mit
dem Sowjetstern

„Also, dös Kaff, wo mir namüesset, heißt Trudnoje. Dao isch a Bruck." Feldwebel Opitz hatte diese Nachricht gerade vom Alten erfahren und gab sie jetzt an die beiden Melder seines Kompanietrupps weiter. Das waren die Obergefreiten Schorsch Bachmayer und Ägidius Tanner. Sie hatten sich alle so gefreut, als das Bataillon Divisionsreserve wurde, denn das bedeutete, daß man aus der Front und den dauernden Rückzugskämpfen herauskam, wenn nichts besonderes los war. Jetzt war das Häuflein, das sich da „Bataillon" nannte, schon über zwei Tage lang durch Schnee und beißende Kälte marschiert und wußte weder weshalb, noch wohin.

Die beiden Melder zeigten für die Mitteilung des Feldwebels wenig Interesse. Der Schorsch masselte unterm Gehen bloß: „So, von mir aus ka dös hoißa wia's will." Und der Ägide, der aus der Gegend von Traunstein stammte, sagte grantig: „Soso, a Bruck is do! Dös werd wieda sowas wern."

Nach einer längeren Pause brummte der Schorsch: „Dao wird morga's Chrischtkindle vielleicht persönlich komma." „Jesses ja!" sagte der Ägide überrascht, „morng is ja Heilig Omd!" Daran hatte er den ganzen Tag über noch gar nicht gedacht. Weihnachten stand vor der Tür, Weihnachten 1943. Post war schon seit über einer Woche nicht mehr gekommen. Da schaltete man am besten auf „stur", also: nichts sehen, nichts hören und nichts denken, was einen nicht selber gerade im Moment wirklich und unmittelbar etwas anging.

In der Dämmerung erreichte das Bataillon dann den Ort. Es war ein Dorf wie tausend andere in diesem Land, mit vielen kleinen Holzhäusern, die ziemlich ungeordnet und verstreut in einer nach Westen zu etwas abfallenden, leicht hügeligen Landschaft standen. Hier war Quartier zu nehmen. Am Ostrand des Dorfes aber hatten die Kompanien Stellung zu

beziehen, denn aus dieser Richtung mußte er kommen, der Iwan, wenn er kam. Noch hielten ihn die traurigen Reste einer einst stolzen Division und eine Handvoll Panzer auf Distanz. Gleich hinter dem Dorf, westlich davon, lag der Strom mit einer von Pionieren errichteten Behelfsbrücke aus Pontons und Holz.

„Mir müesset da Rückzug von dene Panzer decka und was dao sonscht no alls umanand isch dao vorna, daß dia über d'Bruck könnet. Wenn dann alls diba isch, könnet mir uns au zruckzieha", so erklärte Feldwebel Opitz den beiden Meldern die Lage.

„Dann sind mir also Nachhut", brummte der Bachmayer Schorsch und murmelte dann noch etwas wie „dös hand se meh nett nagricht".

„Du bist halt doch a gscheida Bua! Wia du dös glei merkst! Dabei bist du no lang koane vierzg Johr oid. A Brückenkopf werd dös also. Do leckst mi, mei Liaba."

Der Schorsch ging auf diese Anspielung nicht ein und maulte: „Unser Weihnachtsposcht könnet mir uns wohl auf da Huet stecka. Dao kommt doch nix meh rum." Dabei deutete er mit dem Daumen in Richtung des Stromes.

Der Feldwebel sagte nichts zu der Bemerkung von Schorsch. Der Ägide aber meinte halblaut: „Wia's ausschaut, ham mir wenigstens a Dach überm Kopf für dö nächste Tag. Dös ham frei no lang net alle bei unsera saubern Firma." Da hatte er allerdings auch wieder recht.

„Der Alt haot gsait, es kriagt a jeder zwei Großkampfpäckle, wenn koi Poscht kommt." Diese Mitteilung des Feldwebels wurde mit wortkarger Genugtuung aufgenommen.

„Unser Alter isch scho recht", meinte der Schorsch und wischte sich mit dem Ärmel seiner Tarnanzugjacke über die Nase. „Dös isch no unser Glück."

Der „Alte", das war Oberleutnant Lohgerber, der Kompaniechef. Knapp 30 Jahre alt, verheiratet, Vater von zwei Kindern und im Zivilberuf Studienrat an einem Gymnasium im Schwäbischen. Jetzt hauste er, zusammen mit seinem Kompanietrupp und genau so verlaust wie dieser in einem der niedrigen Holzhäuser, dessen Bewohner geflohen waren.

Die Posten wurden bezogen und Ablösungen eingeteilt, alles längst Routine. Von Osten her hörte man das Poltern und Rumpeln von Artilleriefeuer. Als es dunkel wurde, sah man im Osten zuckende Lichter wie Wetterleuchten und hin und wieder den fahlen Schein einer sehr fernen Leuchtkugel. Die Posten an den MG's versuchten zu schätzen, wie weit es wohl bis zur HKL noch sein mochte. Die Meinungen gingen ziemlich weit auseinander, denn bisher hatten die Männer noch kaum Gelegenheit gehabt, den Krieg von hinten und aus einiger Entfernung zu betrachten.

Der Alte und sein Kompanietrupp aber waren nicht auf Schätzungen angewiesen. Sie wußten, daß die Front noch gut vierzig Kilometer entfernt war. Der Feind übe zur Zeit keinen besonders starken Druck aus, hieß es. Man konnte also auf einen leidlich ruhigen Heiligen Abend hoffen.

Der Abend des 24. Dezember verlief wirklich ziemlich ruhig, wenn auch die Schießerei im Osten um einiges deutlicher zu hören war als am Vortag. Post war, wie erwartet, nicht gekommen. Ein bißchen Marketenderwaren und die versprochenen zwei Großkampfpäckchen mit Schokolade,

Keks, Dauerwurst und Traubenzucker vermittelten so etwas wie die Illusion, beschenkt worden zu sein. Die Verheirateten unter den Landsern waren besonders schweigsam und mancher zog verstohlen ein paar Fotos aus irgendeiner Tasche, um sie beim warmen, matten Schein des Hindenburglichtes eine Weile anzuschauen.

Die Stimmung war gedrückt. Erinnerungen an Weihnachten vor einem Jahr, vor zwei oder drei Jahren wurden ausgetauscht. Namen von gefallenen Kameraden wurden genannt, von Kumpels, die das Glück eines Heimatschusses gehabt hatten und von solchen, die in russische Gefangenschaft geraten waren. Ein Bäumchen war hier nicht aufzutreiben gewesen und nach einem Weihnachtslied oder überhaupt nach Singen war keinem zumute. Der Alkohol von den Marketenderwaren machte die Köpfe und Herzen eher noch schwerer.

„I flack mi na", sagte der Bachmayer Schorsch schließlich. „Um zwei mueß i aufzieha." Dann verteilte er die beiden Großkampfpäckchen und den Marketenderkram auf Brotbeutel und Sturmgepäck und murmelte: „Mensch, isch dös ein Schwindel, was dia mit uns machet." Dann legte er sich auf seine Zeltbahn, zog die Wolldecke über die Schultern und drehte sich zur Wand. „Wecket mi frei rechtzeitig, gell. I hau's au dick, wenn i auf d'Ablösung warte mueß."

Jeder wußte, daß diese Ruhe trog und schwere Tage bevorstanden, denn die eigentliche Winteroffensive der Russen hatte noch garnicht begonnen, würde aber bestimmt in den nächsten Tagen oder Wochen losbrechen. Einige Stunden nach Mitternacht kamen zwei feindliche Flugzeuge, „Näh-

maschinen" wie sie die Landser wegen ihrer merkwürdig
tuckernden Motorengeräusche nannten. Sie warfen ein paar
Leuchtschirme und dann Bomben. Auf die Brücke hatten sie
es offenbar abgesehen, verfehlten aber durchweg und zum
Teil erheblich ihr Ziel. Einige der „Koffer" fielen ins Eis des
Stromes, ein paar krachten in die gefrorene Erde, die darunter zusammenzuckte wie eine geschundene Kreatur.

In der Nähe war kurz danach Artillerie in Stellung gegangen.
„Langrohr" berichtete Feldwebel Opitz. „Mit dene schiasset
dia leicht dreißg – vierzg Kilometer weit." Sobald es langsam hell wurde, ließ dann der harte, bellende Knall der Ab-
schüsse die Luft erzittern. Das ging den ganzen ersten Weih-
nachtsfeiertag hindurch. Bei den Fernsprechern im Nachbarhaus herrschte Hochbetrieb. Bespannte Troßfahrzeuge
mit zottigen Panjepferdchen zogen vorbei in Richtung
Brücke, dazwischen Lkw's, Kübelwagen und Kradmelder,
und als es schließlich wieder zu dämmern begann, dröhnten
schwere Zugmaschinen mit 21er Mörsern durch das Dorf
nach Westen. Dann kamen wieder Panjeschlitten und ein
Schwung Sankas mit großem, rotem Kreuz, gefolgt von ein
paar Sturmgeschützen, auf denen zusammengekauert Ver-
wundete hockten.

In den Lärm der Motoren und Artillerie-Abschüsse aber
mischte sich dann auf einmal noch ein anderes Geräusch:
Das kurze, böse schlürfende Fauchen russischer 17,4 cm
Granaten, dem dann das berstende Krachen der Einschläge
unmittelbar folgte.

„Aha, jetzt fangt'r a mit seiner Scheiß–Siebzehvier! Sau-
kopf, dreckter" murmelte der Schorsch.

„A Glück, daß's glei dunkel werd. Do kenna si nimma richti eischießn", meinte der Ägide trocken. Dann wurden die Melder zu den Zügen geschickt mit dem Befehl: „Morgen früh fünf Uhr Abmarsch. Jedes Geräusch ist zu vermeiden."

Die Artilleristen, die den ganzen Tag so unerhört fleißig geballert hatten, räumten gleich nach Anbruch der Dunkelheit ihre Stellung und fuhren mit ihren Zugmaschinen davon, in westlicher Richtung. Dann folgten wieder bespannte und motorisierte Fahrzeuge in bunter Folge und Gruppen von hundemüden Infanteristen, die auf Fragen bloß stumm abwinkten oder „Wart's nur ab" sagten, wenn sie überhaupt reagierten. Gegen Morgen, es war noch dunkel, rollten dann etwa zwei Dutzend Panzer mit aufgesessener Infanterie durch das Dorf, der Brücke zu. Denen schloß sich das Bataillon an. Dabei wurde kaum ein Wort gesprochen.

Diesmal klappte es wie am Schnürchen, wenigstens bis jetzt. Direkt harmlos war das, verglichen mit den chaotischen Rückmarschszenen, die jeder der Männer schon erlebt hatte.

Aber daß dieser Rückzug hier, an diesem Strom zum Stillstand kommen würde, wie „die da oben" sagten, das glaubte kaum noch einer.

„Die Dritte übernimmt den Schluß!" hatte es geheißen. Das war die Kompanie von Oberleutnant Lohgerber. Im ersten Dämmerlicht zogen sie dann schließlich bei schneidender Kälte los in Richtung Brücke. „Beeilung! Sonscht gaoht dös Ding no hoch, bevor mir diba sind!" Jaja, es stimmte schon, daß es auch unter den Pionieren, deren Geschäft das Brükkenbauen und Brückensprengen war, solche und solche gab. Dann zischten wieder die 17,4—Granaten der Russen heran und krachten mit schmetterndem Bersten und vielstimmigem Splittergewinsel in den gefrorenen Boden. Die Schüsse galten der Straße und der Brücke, lagen aber sehr ungenau. Irgendwo brannte es.

Die Männer liefen fast. Einer hatte mit bitterer Selbstironie gespottet: „Vorwärts, Kameraden, wir gehen zurück!" Nun hasteten sie, die Kapuzen der Tarnanzüge weit nach vorn gezogen, durch den Schnee, der unter ihren Füßen in hohen Tönen pfiff.

Gut hundert Meter vor der Brücke stieß Feldwebel Opitz den Ägide an, sagte: „Da schau her!" und blieb stehen. Da stand an der linken Straßenseite ein Haus. Es war erheblich beschädigt. Dahinter breitete sich der große, schwarze Fleck eines Bombeneinschlages aus. Der hatte den größten Teil des Daches weggeblasen und die Rückwand teilweise eingedrückt, aber das für die russischen Holzhäuser auf dem Land so typische Vorhäuschen mit dem kleinen Satteldach auf soliden Pfosten stand noch unversehrt. Zwei niedrige Holzstufen führten zu dem etwas erhöhten Vorplatz bei der Haustüre hinauf. Unter diesem kleinen, schützenden Dach saß eine Gestalt. Beim Näherkommen sah man, daß es eine Frau war. Sie hatte einen zerschlissenen Schafpelzmantel an, unter dem sie einen Säugling so weit verbarg, daß er mehr zu ahnen als zu sehen war. Auf dem Kopf trug sie eine viel zu große russische Armee-Pelzmütze, die ihr fast bis zu den Augen ins Gesicht gerutscht war. Die heruntergeklappten, breiten Ohrenschützer standen seitlich ab. Auf der Vorderseite der

52

Mütze prangte ein knallroter Sowjetstern. Neben der Frau stand ein ebenfalls pelzvermummter alter Mann mit zerknittertem, rotbackigem Gesicht und eisgrauem Bart.

„Mensch, grod wia Maria und Josef im Kripperl. Ja gibts dös aa!?" Der Ägide sprach aus, was alle dachten.

Oberleutnant Lohgerber hatte diese kurze Unterhaltung mitbekommen und sagte nun tonlos: „Mei Gott, isch dös a Elend! Dao bräuchtet jetzt bloß no a paar von uns higeha und dene was geba. Dös wäret dann dia Heilige Drei König – und d'Madonna mit'm Sowjetstern. Mei Gott!"

„Dös tu'mer! Soviel Zeit wird scho no sei, wia's ausschaut." Während der Bachmayer Schorsch das sagte, nestelte er an einem Riemen seines Sturmgepäcks herum. Eine Lage dieser verfluchten 17,4 fauchte heran und jagte mit klirrendem Krachen schwarze Fontänen hoch. Der Schorsch zog instinktiv den Kopf etwas ein und kramte dann eines der beiden Großkampfpäckchen heraus, die es am Heiligen Abend gegeben hatte.

„Dös is a Idee!", meinte der Ägide und holte aus seinem Brotbeutel eine Dose Rindfleisch. Feldwebel Opitz hatte plötzlich eine stattliche Dauerwurst und eine Packung Kekse in der Hand. Diese Schätze stammten aus einem Verpflegungslager, das man vor ein paar Tagen noch schnell geplündert hatte, bevor es in die Luft gesprengt wurde.

Der Oberleutnant hatte zwischenzeitlich ebenfalls ein Großkampfpäckchen hervorgeholt und gab es dem Ägide. „Da, nimm dös au mit! Aber mach schnell und dann ‚Ab durch die Mitte!' Mei Liaber, gell!"

So gingen die Drei in ihren Tarnanzügen, die einmal weiß

54

gewesen waren, stoppelbärtig und mit etwas hastigem, dampfendem Atem an diesem Stephanstag 1943 zu der jungen Russin mit dem kleinen Kind. Die Frau sah ihnen entgegen. Verlegenheit und auch Angst sprach aus ihren Augen.

„Mir dir geben für Malinki", sagte der Schorsch, deutete dabei auf das Päckchen in seiner Hand und dann auf die beiden anderen, die daneben standen und nicht wußten, was sie sagen sollten, denn in ihrem Landser-Russisch war kein Wort, das für diesen Moment gepaßt hätte.

Über das breite, von der Kälte gerötete Gesicht der Frau huschte ein schwaches, hilfloses Lächeln und dann sagte sie etwas von „Bosche moj!" und „Gospodin!" und „Balschoj spassiwo!" Die Gaben reichte sie an den neben ihr stehenden alten Mann weiter, der mit hoher Greisenstimme irgend etwas murmelte.

„Jaja, isch scho recht", grinste der Schorsch. „Aber jetzt ab, bevor mir doch no oins auf da Deckel krieget!", und dann strebten sie in langen Sätzen den anderen nach, der Brücke zu. Einige Einschläge von schweren Granatwerfern ließen jetzt deutlich erkennen, daß sich der Iwan rasch näherte.

Drüben, am westlichen Ende der Brücke stand Hauptmann März, der „Batailloner", und sah der kleinen Gruppe entgegen, die keuchend über die Bohlen rannte.

„Dritte vollzählig!" meldete Oberleutnant Lohgerber knapp.

„Wird ja wohl auch Zeit." Der Hauptmann redete nie viel, das wußte man. Dann hob er die Hand und rief zu einem etwas abseits stehenden Pionierleutnant: „Alles klar!", und zu Oberleutnant Lohgerber sagte er etwas lauter als nötig gewesen wäre: „Los, jetzt gehen Sie schon in Deckung mit ihren Leuten!"

Dann verschwand die Brücke mit wirbelnden Balken in einer großen Wolke unter dem brüllenden Donner einer ganzen Kette von Explosionen.

Auf dem westlichen Ufer des Stromes ging das Bataillon wieder in Stellung. Nach zwei Tagen kam die langersehnte Weihnachtspost. Nach etwa zehn Tagen brach dann, wie erwartet, die Winteroffensive der Russen über die recht primitiven deutschen Stellungen herein. Die Hoffnung, der Strom könnte den Ansturm aus dem Osten wirksam zurückhalten, zerbrach nach zwei Tagen.

Der Krieg aber dauerte noch fast eineinhalb Jahre. Nur zwei von den vier Männern, die bei dieser kleinen Szene kurz vor der Brücke dabei waren, haben ihn überlebt, wenn auch mit Blessuren. Der Kaufmann Georg Bachmayer und der oberschenkelamputierte, vorzeitig pensionierte Steueramtmann Heinz Opitz haben sich noch während des Krieges aus den Augen verloren und wissen nichts mehr voneinander. Wenn es aber Winter wird und auf Weihnachten zugeht, dann werden beide mit einem merkwürdig warmen und doch wehen Gefühl an jenen Stephanstag 1943 denken und an die pelzvermummte junge Frau mit dem kleinen Kind unterm Mantel und dem roten Stern auf der Soldatenmütze. „Madonna mit dem Sowjetstern", hatte der Alte sie genannt.

Zwei Wochen später ist Oberleutnant Lohgerber gefallen. Der Tanner Ägide ist seit Januar 1945 vermißt.

Ein Mann der Vorschrift

Nur selten haben Schülerinnen und Schüler Gelegenheit, ihre Lehrer als Schauspieler wider Willen zu erleben, wie dies in den Jahren 1933/34 der Fall war. Auch wir Buben und Mädchen in einer der unteren Klassen des Humanistischen Gymnasiums genossen es geradezu, wie sich die einzelnen Lehrer gegenüber den immer wieder neuen Vorschriften der neuen Regierung verhielten. Nein, da halfen diesmal keine klugen Redewendungen. Ebenso klare wie geradezu läppische Vorschriften waren da zu befolgen, Vorschriften, die den meisten Lehrern ziemlich gegen den Strich gingen. Erwartungsvoll beobachteten wir unsere Pädagogen in ihrem Verhalten.

Es handelte sich meist um höchst vordergründige und banale Neuerungen, die da plötzlich in den Schulalltag eingriffen, denn gerade auch dieser Schulalltag sollte ja im Sinne der neuen Bewegung umgestaltet, „erneuert" werden. So sollte nach Ansicht der neuen Regierung auch das uralte Höflichkeits–Zeremoniell beim Betreten eines Klaßzimmers durch den Lehrer dem neuen Stil angepaßt werden. Bisher hatten die Schüler stumm aufzustehen, wenn der Lehrer hereinkam. Dieser sagte dann je nach Tageszeit und Laune entweder jovial „Guten Morgen!" oder „Grüß Gott!", oft aber auch nur „Setzt Euch!" oder gar „Nehmt Platz!" Dieses Ritual wurde nun geändert. Zuerst hieß es, daß der Klassensprecher laut „Achtung!" zu rufen und die Schüler dann mit einem militärischen Ruck aufzuspringen hätten. Bald wurde die Vorschrift dahingehend erweitert, daß die Schüler nicht nur ruckartig aufzustehen, sondern auch den rechten Arm zum „Deutschen Gruß" zu erheben hätten. Der Lehrer aber hatte ebenfalls vor der Klasse stehend mit erhobener rechter Hand stumm zu grüßen. Schon diese Neuerung schien ganz offensichtlich bei vielen Lehrern sehr unbeliebt zu sein. Einige umgingen den „Deutschen Gruß" dadurch, daß sie wie eh und je einfach „Setzt Euch!" sagten und diese Worte wie zur Bekräftigung durch eine Art Wink mit der rechten Hand unterstützten.

Es war, wie gesagt, für uns Schüler eine Art von köstlich-spannendem Theater. Die Lehrer waren dabei die Akteure und es gab, wie sich sofort herausstellte, auch hier gute und schlechte Schauspieler. Da waren auch ein paar wirklich Ehrliche, Glaubwürdige, aber auch eine schöne Portion Heuchler. Von besonderem Reiz war natürlich das Benehmen derer, die ihre entschiedene Gegnerschaft zum neuen Regime nicht verbergen konnten. Sie vermieden es ganz offensichtlich, mehr als ein unumgängliches Minimum an Loyalität zu zeigen. Einige Herren gaben sich, wenn auch mit der gebotenen Zurückhaltung, als Anhänger der neuen „Bewegung" zu erkennen. Größer aber war die Zahl derer, die selber zwar voller Zweifel und Mißtrauen gegenüber den neuen Machthabern waren, aber als treue Diener des Staates die gegebenen Anordnungen einfach und schlicht befolgten. Sie taten dies mit dem Bemühen, sich ihre Bedenken und auch eine gelegentliche Abneigung nicht anmerken zu lassen.

Bald aber verlangten die zuständigen Herren noch eindeutigere Beweise der Loyalität, oder der Selbstverleugnung, je nach dem. Eines Tages wurde eine Vorschrift bekanntgegeben, der zufolge der Lehrer nicht nur stumm mit der erhobenen Rechten zu grüßen, sondern auch laut und vernehmlich „Heil Hitler!" zu sagen habe. „Die Klasse antwortet darauf mit dem Ruf ‚Heil!'" wurde verlangt. Unser Klaßleiter war als kategorischer Gegner bekannt und ignorierte diese neue Vorschrift lange Zeit. Andere brummten, offensichtlich widerstrebend: „Haitler". Interessant für uns Kinder war dabei der Ausdruck in den einzelnen Gesichtern. Die einen schauten drein, als hätten sie soeben eine schmerzliche Nachricht erhalten, andere wieder verzogen das Gesicht, wie wenn sie Lebertran oder etwas ähnliches eingenommen hätten. Für uns war es eine willkommene Gelegenheit, in der Pause die Lehrer geradezu wettbewerbsmäßig nachzuäffen.

Unsere besondere Aufmerksamkeit aber galt dem Religionslehrer, einem schon ziemlich betagten, etwas kleinwüchsigen und rundlichen Priester mit klugem, gütigem Gesicht und spiegelnder Glatze. Wir nannten ihn respektlos „Done". Daß die Kirche und das neue Regime sich gegenseitig nicht besonders mochten, das konnte bald auch der Dümmste erkennen. Wir aber hatten bisher vergeblich bei unserem Religionslehrer auf irgendein Zeichen der Verweigerung oder gar der Ablehnung gewartet. Viele von uns waren darüber enttäuscht. Diese Enttäuschung aber hatte allerdings ihren Grund nicht etwa darin, daß wir Elf− und Zwölfjährigen selber überzeugte Gegner des „Dritten Reiches" gewesen wären. Nein, das Verhalten eines beinahe offensichtlichen Gegners war nur viel interessanter und spannender. Andererseits konnten wir es aber auch nicht recht glauben, daß unser Religionslehrer kein Gegner sein sollte, wo man doch bei so manchem anderen Lehrer, der keine schwarze Soutane trug, die Gegnerschaft fast schon greifen konnte.

Als nun die Anordnung kam, daß der Lehrer künftig mit erhobener rechter Hand „Heil Hitler!" zu sagen hätte, da waren wir alle gespannt, wie sich der allseits geachtete Mann jetzt verhalten würde. Wir alle, auch die begeisterten Jungvolk−Pimpfe, die es damals schon in unserer Klasse gab, erwarteten geradezu von diesem Mann, daß er ein Gegner sei. Man hätte diese Gegnerschaft verstanden und mit Achtung toleriert. Erwartungsvoll sahen wir dem nächsten Religionsunterricht entgegen. Pünktlich wie immer betrat der Mann im Priestergewand das Klaßzimmer. Der Rudolf R., unserer Klassensprecher und bester Sportler, schrie „Achtung!" Wir sprangen auf, daß es bloß so krachte und hoben die rechte Hand in Augenhöhe zum ‚Deutschen Gruß'. Der Professor ging gelassen zum Mittelgang, hob die rechte Hand und sagte freundlich, fast lächelnd „Heil Hitler!". Wir schrien vorschriftsmäßig „Heil!" und setzten uns, nachdem er uns mit einem freundlichen „Nehmt bitte Platz!" dazu aufgefordert hatte.

Wir waren alle etwas erstaunt und irgendwie auch ein bißchen enttäuscht. Einer in der vordersten Bank konnte offenbar nicht an sich halten und sagte halblaut mit fragendem Unterton: „Sie sagen ja auch ‚Heil Hitler!'" Da lächelte der Mann in der Soutane nachsichtig und erwiderte: „Ich bin immer ein Mann der Vorschrift."

Was sollte man dazu sagen? Für uns in der zweiten Klasse und auch für die in den höheren Klassen gab es da nichts zu sagen. Ein kluger Mann, dieser Lehrer im schwarzen Habit, der uns Grünschnäbeln nicht das amüsante Schauspiel des hoffnungslosen und ob seiner Hoffnungslosigkeit schon ein bißchen lächerlichen Aufbegehrens gegen eine Allgewalt bieten wollte. Einer Allgewalt, die noch dazu von den meisten Leuten im Grunde als gut angesehen wurde. Ein Mann der Vorschrift — was sollte es da zu mäkeln und zu deuteln geben? Was ging es die Leute und vor allem uns Rotznasen an, was oder wie er dachte? Und wenn er der neuen Führung Glauben schenkte, wenn er dem, der sich fast täglich als Retter Deutschlands preisen ließ, ein gewisses Vertrauen und ein Quentchen Hoffnung lieh, dann war auch dies seine eigene Sache. Loyalitätsbeweise konnte diese Regierung wohl schon erwarten, oder? Die hatte man in der Monarchie auch verlangt, auch von den Nicht−Monarchisten, wohlgemerkt.

Unsere Verwunderung und Enttäuschung währte nicht lange. Die Zeit verging und wandelte sich, warf neue, interessantere und viel wichtigere Fragen auf. Eines Tages war dann die Schule selber Vergangenheit und Erinnerung geworden. Heute sind die Jahre und Jahrzehnte danach auch schon längst wieder Geschichte. Nur noch selten wird die Schulzeit in der Erinnerung lebendig, so wie neulich. Durch puren

Zufall kam das Gespräch mit einem Herrn, den ich eben erst kennengelernt hatte, darauf, daß wir beide, er und ich, dieselbe Schule, nämlich das Humanistische Gymnasium in Kempten besucht hatten. Mein neuer Bekannter allerdings etliche Jahre nach mir. Wie in solchen Fällen üblich, kamen wir natürlich bald auf die Lehrer von damals zu sprechen. Dabei kam die Rede auch auf unseren damaligen Religionslehrer. Und da erzählte ich in kurzen Worten, wie dieser damals mit der größten Selbstverständlichkeit „Heil Hitler!" gesagt und dies damit begründet habe, daß er immer ein Mann der Vorschrift sei.

Mein neuer Bekannter machte daraufhin ein recht ernstes Gesicht und sagte: „Ach! Dös isch jetzt interessant. Dem isch es frei auf di alte Täg no irgendwie tragisch gange."

Dann erzählte er, daß der Religionslehrer zuletzt, zusammen mit seiner alten Haushälterin, in einer Mietwohnung gelebt habe. Eines Tages sei der alte Priester von einer im gleichen Haus wohnenden Frau gerufen worden mit der Bitte, er möge doch ihrem Mann, der ganz plötzlich von einer gefährlichen Krankheit befallen worden war, die Beichte abnehmen und die Sterbesakramente spenden. Der greise Gottesmann ging sofort zu dem Schwerkranken, erfuhr aber dann, daß die beiden Leute gar nicht verheiratet waren. Aus irgendwelchen Gründen waren sie auch nicht bereit, im Falle einer Genesung die alsbaldige und natürlich auch kirchliche Eheschließung zu versprechen. Darauf habe der alte Professor Absolution, Krankensalbung und Kommunion verweigert.

„Immer ein Mann der Vorschrift", sagte mein Gesprächspartner und nickte mit ernstem Gesicht. Ich habe ihn nicht gefragt, was er an Stelle des alten Priesters in dieser Lage getan hätte. Wozu? Er war so wenig ein Geistlicher wie ich. So erschien es mir vermessen, zwischen Tür und Angel zu ergründen, wie man sich selber verhalten hätte, wenn man vor eine solche Entscheidung gestellt worden wäre.

Mein neuer Bekannter nahm auch in keiner Weise irgendwie Stellung, sondern erzählte weiter: Der kranke Hausgenosse des alten Lehrers sei nicht gestorben und habe nach der Genesung seine bitteren Erfahrungen überall und bei jeder Gelegenheit erzählt. Im ganzen Viertel und darüber hinaus sei der zuvor allseits geachtete alte Lehrer daraufhin von vielen Leuten buchstäblich geschnitten worden und so mancher alte Bekannte hatte von da an plötzlich nie mehr Zeit zu einem kurzen Gespräch oder gar zu einem Besuch. Sogar die alte Haushälterin habe sich giftige Reden anhören müssen, so daß sie schließlich nur aus Mitleid weiter bei dem schon gebrechlichen Priester blieb. Nach eineinhalb Jahren sei er dann total vereinsamt gestorben.

Wie heißt es so schön? „Vorschriften sind dazu da, um das Leben in der Gesellschaft zu regeln." Manche aber haben Stacheln und Widerhaken, und man muß dankbar sein dafür, wenn man nie in ihre Nähe kommt.

Freibier mit Folgen

Dem Feldwebel und gebürtigen Württemberger Gottlieb Zapfer war sein Mißfallen deutlich anzumerken. Er verschränkte die Hände auf dem Rücken und sah dem Obergefreiten Alois Jobst grantig ins Gesicht: „Wie i hör, unterhaltet Sie sich oft und gern mit de Russe. Was hend Se denn mit dene z'rede, ha?"

Der Obergefreite war Posten im Kriegsgefangenen—Arbeitskommando (Abkürzung: Kgf.Arb.Kdo.) Nr. 3328 M an der Bachtelstraße in Kempten. Das Barackenlager lag neben der Lenzfrieder Straße und beherbergte etwa hundert russische Kriegsgefangene, die in einer Fabrik bei Schelldorf in drei Schichten arbeiteten. Jobst, der den Feldwebel um fast einen Kopf überragte, betrachtete es als ausgesprochen glücklichen Zufall, daß er, der gebürtige Kemptener, hierher gekommen war, wenn auch seine Eltern seit Anfang des Krieges in Innsbruck lebten. Fast zwei Jahre lang war er an der Ostfront gewesen. Jobst sah ziemlich schlecht, war aber gerne Soldat geworden und hatte sich schließlich vor lauter Idealismus freiwillig an die Front gemeldet, wo er dann prompt, wie es in Landsersprache heißt, „eins auf den Deckel" bekommen hatte, nämlich ziemlich deftige Erfrierungen und einen eher harmlosen Granatsplitter in einen nicht besonders edlen Körperteil. Diese Schäden waren, jetzt im Frühjahr 1944, im wesentlichen längst verheilt, aber wegen seiner schlechten Augen tat Alois Jobst jetzt Dienst bei den sogenannten Landesschützen in der Bewachung von Kriegsgefangenen. So stapfte er, bewaffnet mit einem fast schon lächerlich langen, uralten französischen Gewehr, täglich hinter einem Häuflein von etwa dreißig Gefangenen vom Lager zur Fabrik und zurück.

In Rußland aber hatte er nicht nur den sogenannten Heldentod so manches Kameraden, sondern auch das Zerrinnen einiger eigener Illusionen erlebt, und auch das Leid der unschuldigen Zivilbevölkerung war nicht ohne Wirkung auf ihn geblieben. So hatte er sich bemüht, wenn immer dazu Gelegenheit war, etwas von der Sprache dieser Menschen zu erlernen, um sie ein bißchen besser zu verstehen und auch sich selbst ein wenig verständlich machen zu können, etwas über die arg primitive Landsersprache hinaus. Die russischen Gefangenen hier in diesem Lager hatten sich über sein Interesse an ihrer Sprache gefreut. Bald wurden sie mit ihm vertrauter als mit den anderen Posten und er erfuhr so nach und nach z. B., daß der schweigsame Alexej verheiratet, von Beruf Schreiner und gar nicht weit von Charkow daheim war, Dimitri dagegen zwar in der Ukraine geboren, aber in Sibirien aufgewachsen war, weil man die ganze Familie irgendwann dorthin gebracht hatte. So hatte jeder seine eigene, mitunter ziemlich tragische Geschichte. Jobst fand, daß diese, wenn auch etwas mühsamen Gespräche den eintönigen Dienst in diesem Lager für ihn wesentlich interessanter

machten und auch die Gefangenen waren froh, wenn sie mit ihm gelegentlich über ihre ferne Heimat, ihre Familien und so manches andere sprechen konnten.

Diese Kontakte aber paßten nun dem Feldwebel Zapfer ganz und gar nicht. Der Mann war schon etwa vierzig Jahre alt und hatte bestimmt in seinem Leben zwar schon einiges erlebt und erfahren, aber noch nie eine feindliche Kugel pfeifen hören. Er bevorzugte markige Worte und versuchte, durch das Tragen einer ziemlich zerknitterten Schirmmütze, aus der er den formenden Draht entfernt hatte, seinem Äußeren einen Hauch von Verwegenheit zu verleihen. Seine Aufgabe bestand darin, die Gefangenenlager eines bestimmten Bereichs in unregelmäßigen Abständen und natürlich unangemeldet zu kontrollieren. Irgendjemand mußte es ihm gesteckt haben, daß der Obergefreite Jobst gerne Privatgespräche mit den Russen führte. „Dös unterlasset Se in Zukunft gefälligscht, gell, sonscht werdet Se scho sehe was passiert. Wie ma no so eifältig sei kann. Sie waret doch in Rußland, dao müßtet Se doch eigentlich wisse, daß ma dene net über de Weg traue ka. Also, richtet Se sich danach in Zukunft gefälligscht!" Jetzt hatte er sein Fett, der Alois Jobst, und würde sich wohl in Zukunft entsprechend verhalten müssen, wenn er nicht selber ganz dumm hereinsausen wollte.

Also nahm er sich vor, die Gespräche mit den Russen auf ein Mindestmaß zu beschränken. Aber das war gar nicht so einfach, denn er konnte doch nicht plötzlich den Stummen spielen, wenn der Nikita, Pawel, Igor oder der schon über vierzig Jahre alte Wassilji, der nicht einmal seinen Namen schreiben konnte, ihn nach irgend etwas fragte oder ihm etwas sagen wollte. So erzählte er den Gefangenen von seinem Anpfiff, als er einen Tag später wie immer abends die Baracken absperren mußte. Das nützte aber nicht viel und der Feldwebel war ja weit weg. Nach einer Woche war alles fast wieder wie zuvor.

Etwa zwei Monate lief dann beim Kgf.Arb.Kdo.Nr. 3328 unweit von Lenzfried alles weiter seinen gewohnten Gang. Alois Jobst hatte inzwischen ein Mädchen kennengelernt, mit dem er einen großen Teil seiner Freizeit verbrachte. So fühlte er sich eigentlich um und um wohl in seiner Haut. Seine eigenen schlimmen Erlebnisse und Erfahrungen an der Ostfront, aber auch die bösen Nachrichten von dort und die täglichen Wehrmachtsberichte trugen zu dieser Zufriedenheit erheblich bei. Dann aber ereignete sich etwas, das diese gar nicht in die Zeit passende Zufriedenheit jäh beendete. Eines Abends, als Jobst um 23 Uhr die Nachtschicht zur Fabrik gebracht hatte und die Spätschicht von dort ins Lager zurückbringen wollte, fehlten beim Abzählen zwei Gefangene. Sie mußten in der stockdunklen Nacht auf dem Weg von den Wasch− und Umkleideräumen zu dem Platz im Hof, wo die Gefangenen zum Rückweg anzutreten hatten, durch den lückigen Bretterzaun abgehauen sein. Es war Sergej, ein Matrose der russischen Kriegsmarine und Nikolai aus der Gegend von Saratow. Die anderen Gefangenen standen etwas verlegen herum und stellten sich geradezu aufreizend dumm. So zog der Alois Jobst halt schließlich ziemlich deprimiert mit seinem unvollständigen Häuflein ab, nicht ohne zuvor telefonisch den Lagerführer und die Polizei von der Flucht zweier Gefangener verständigt zu haben.

Die Geflüchteten blieben etwa zehn Tage verschwunden, dann brachte ein Polizist die beiden an. Einen Teil ihrer „Marschverpflegung", kleine, steinhart getrocknete Brotbröckchen, hatten sie noch in einem Leinensäckchen bei sich. Am nächsten Tag wurden sie ins sogenannte Stalag nach Memmingen gebracht, wo sie für zwei Wochen in den Arrest wanderten. Dann kamen sie wieder ins Lager zurück und taten mit den anderen ihre Arbeit wie zuvor. Für den Obergefreiten Alois Jobst aber blieb die Sache nicht ohne Folgen. Dabei spielte natürlich auch eine Rolle, daß er bereits wegen „zu lascher Haltung" gegenüber den Gefangenen aufgefallen war. Als die beiden Ausreißer aus dem Arrest zurückkamen, war er bereits in ein anderes Lager nach Immenstadt versetzt. Dort, am Sitz der Kompanie, mußte er wieder „Russen hüten", wie die spöttische Bezeichnung für diese Art von Wachdienst lautete. Die dortigen Gefangenen arbeiteten bei der Bahn im Streckenbau und mußten den ganzen Tag von einem Posten bewacht werden.
Inzwischen wurden die Nachuntersuchungen, ob nicht doch der eine oder andere der in der Heimat Dienst machenden Soldaten wieder „Kv" geschrieben und an die Front zurückgeschickt werden könnte, immer schärfer. Jeden Monat mußten die Landesschützen zur ärztlichen Untersuchung nach Sonthofen. Das galt natürlich auch für den Obergefreiten Jobst, aber bei seinen schlechten Augen war das eigentlich mehr Routine. In dem Lager am Westrand des Städtchens hatte er sich bald eingelebt. Eine neue Freundin tröstete ihn liebevoll über die Versetzung hinweg und die russischen Gefangenen mochten ihn ebenso gut leiden wie die

meist wesentlich älteren Kameraden, die dort mit ihm Dienst machten. Hin und wieder ermunterte er die Russen, wenn sie nach Feierabend noch innerhalb der Stacheldrahtumzäunung vor der Baracke herumsaßen oder standen, ein Lied zu singen. Dann sangen die Gefangenen sehr diszipliniert und immer mehrstimmig ihre schönen, schwermütigen Lieder in die spätsommerliche Allgäuer Landschaft hinein, über die sich langsam die Abenddämmerung senkte.

So ging für den Alois Jobst eigentlich auch hier alles seinen durchaus befriedigenden Gang, wenn man ihm auch bei der Kompanie in Immenstadt seit der Verwarnung durch Feldwebel Zapfer und erst recht seit der Flucht von zwei Gefangenen nicht besonders gewogen war. Aber in diesen Tagen war „des Geschickes Mächten" noch weit weniger zu trauen als in normalen Zeiten. Eines Tages erhielt Alois nun den Befehl, zwei Gefangene vom Lazarett beim Stalag in Memmingen abzuholen. Sie waren dort drei Wochen behandelt worden; der eine wegen eines Unfalls, den er bei der Arbeit erlitten hatte, der andere wegen einer Art Lungenentzündung. Jetzt waren sie wieder genesen und sollten ins Lager nach Immenstadt zurückgebracht werden. Für den Alois Jobst war das eine hochwillkommene Abwechslung.

Der Zug aus Memmingen endete in Kempten, die Weiterfahrt nach Immenstadt war erst etwa zwei Stunden später möglich. Es war früher Nachmittag und ziemlich heiß an diesem Septembertag 1944. Etwa eine halbe Stunde lang saß und stand Jobst mit den beiden Gefangenen vor der Sperre im damaligen Kopfbahnhof Kempten herum, der ihm von Kindesbeinen her vertraut war. Plakate mit Durchhalteparolen hingen jetzt dort, wo früher für Parfüm, Schokolade und Zigaretten geworben wurde, und quer über allem prangte ein langes Transparent mit der Aufschrift „Räder müssen rollen für den Sieg!". Es gingen nur noch wenige Personenzüge pro Tag in die verschiedenen Richtungen. So war der Bahnhof um diese Zeit fast menschenleer. In der Bahnhofsrestauration befand sich kein einziger Gast und der Ober sah gelangweilt zum Fenster hinaus. Den Alois Jobst plagte der Durst und auch die beiden Russen in ihren grün gefärbten Uniformen mit den großen Buchstaben „Kgf" auf dem Rükken machten dahingehende Andeutungen. Der Obergefreite überlegte nur kurz, dann betrat er mit den beiden die vollkommen leere Gastwirtschaft. Dort setzten die drei sich gemütlich an einen kleinen Tisch und Jobst bestellte drei Halbe Bier. Dieses Getränk hatte allerdings zur damaligen Zeit nur noch das Aussehen, den Namen und den Preis mit richtigem Bier gemeinsam. Der Durst aber war beträchtlich bei den Dreien und so stand bald die zweite Halbe vor jedem der etwas ungewöhnlichen Gäste. Jobst unterhielt sich radebrechend, aber unermüdlich mit den beiden Gefangenen, die ihm ja sowieso nicht fremd waren. Der Ordnung halber muß hier schon noch erwähnt werden, daß dieses „Bier" so gut wie keinen Alkohol enthielt. Eine „bierselige" Stimmung wäre auch mit einem ganzen Eimer voll nicht zu erzeugen gewesen. Jobst hatte es sich etwas bequem gemacht, die Mütze an den Garderobenhaken hinter sich gehängt, das langstaklige Franzosengewehr in den darunter befindlichen Schirmständer gestellt, sein Koppel über die Stuhllehne gehängt und die drei oberen Knöpfe seiner Feldbluse geöffnet.

Nur gedämpft drangen die spärlichen Geräusche des Bahnhofs in die sommerlich stille Gaststube. Dann aber kündigte ein Lautsprecher die Ankunft eines Personenzuges aus München an.

Jobst, der wie die beiden Gefangenen inzwischen sein drittes Bier vor sich stehen hatte, sagte zu den Russen, man müßte jetzt wohl gehen und sollte sich daher mit dem Austrinken etwas beeilen. Noch ehe sie aber dieser Aufforderung ganz nachkommen konnten, ging die Türe zum Bahnhof auf und etwa ein Dutzend Leute betraten das Lokal. Es waren Zivilisten verschiedensten Alters − und Feldwebel Zapfer. Der sah sofort die beiden Russen und den ihm ja ohnehin wohlbekannten Obergefreiten Jobst einträchtig und biertrinkend am Tisch sitzen. Mit zornrotem Gesicht ging er in langen Schritten auf die Gruppe zu. Jobst war sich der Unmöglichkeit seiner Situation wohl bewußt. In aller Eile hatte er die Knöpfe seiner Jacke geschlossen, stand nun zackig auf und wollte eine Art Meldung machen wie etwa: „Obergefreiter Jobst von der zweiten Kompanie des Landesschützenbataillons siebenundzwanzig mit zwei Kriegsgefangenen auf dem Weg vom Stalag Memmingen zum Lager Nr. soundso nach Immenstadt!" Er kam aber nicht dazu, weil Zapfer gleich ungeachtet der anwesenden Zivilisten in größtmöglicher Lautstärke ein geradezu vernichtendes Donnerwetter vom Stapel ließ. Einige ältere Zivilisten empörten sich bald und wurden nun ihrerseits laut: „Si de ganze Krieg durch dahoi rumbelze und dann dao hinn rumbrülle wia a Ochs, bloß weil der Landser mit dene zwoi arme Kerle a Halbe von dem scheußliche Gsüf trinkt, dös isch wohl alls, was Du kascht!

Du, mit Deine gwichste Stiefl und Deiner verdätschte Kapp. Halt jetzt bloß Dei Gosch, gell!"

Zu Jobst, der ebenso ratlos wie sprachlos dastand, mit dem Mittelfinger an der Hosennaht, sagte einer freundschaftlich: „Reg Di it auf. Trinket jetzt in aller Rueh aus und dann gand'r halt."

„Sie verlasset sofort mit dene Gfangene das Lokal!" ließ sich jetzt der Feldwebel wieder vernehmen, wenn auch etwas leiser. Zu den paar aufgebrachten Zivilisten aber sagte er mit schneidender Stimme:

„Mischet Sie sich dao bloß net ei, gell. Dao gibts ganz eindeutige Vorschrifte und an die hat sich au dieser Herr Obergefreite zum halte. Daß dös klar ischt, gell!"

„I mueß no zahle", hörte man dann den Alois Jobst eher etwas kleinlaut sagen. Der Ober kam. „Dös waret im Ganze neun Bier, dös macht mitnand dreisechzig." Der Obergefreite gab ihm vier Mark. „Isch scho recht. Land's guet sei."

Der Feldwebel schnappte nach Luft. „Neun Bier! Dös isch ja — dao weiß ma ja glei gar nimme was ma sage soll. Ganget Se mir jetzt bloß aus de Auge. Des haot no a Naochspiel, dös kann ich Ihne sage!" Mit stummem Kopfschütteln sah er dann zu, wie Jobst sein Koppel von der Stuhllehne löste, umschnallte und schließlich sein Gewehr aus dem Schirmständer holte. „Zeiget Se amal! Hend Sie überhaupt glade?" Jobst öffnete den Verschluß der Waffe ein Stück, daß die messingblinkende oberste Patrone sichtbar wurde. „Des soll no Ihr Glück sei. Und jetzt hauet Se bloß ab!"

Jobst warf das Gewehr am Riemen über die Schulter und riß grüßend die Haken zusammen. Nach einer leidlich korrekten Kehrtwendung sagte er halblaut zu den Gefangenen, die diese ganze Szene ratlos und mit gottergebener Miene mit angesehen hatten: „Dawaitje! Idjom!" (Los! Gehen wir!) Dann standen sie draußen auf dem Bahnsteig. Der Zug stand schon da und dampfte nach einer knappen halben Stunde schließlich aus dem Bahnhof in Richtung Immenstadt. Alois Jobst hatte ein ungutes Gefühl im Magen und außerdem plagte ihn der Gedanke, daß ihm immer ausgerechnet in Kempten so ärgerliche Sachen passieren mußten. Dabei war er wirklich mit Idealismus und Überzeugung Soldat und glaubte zutiefst, dies in dieser Zeit seinem Vaterland schuldig zu sein. Wirklich aufgefallen war er bisher nur einmal, und zwar angenehm, weil er sich von einer Nachschubeinheit weg freiwillig an die Front gemeldet hatte. Und jetzt passierten ihm diese blöden Geschichten.

Zwei Tage später wurde er zum Rapport beim Kompaniechef befohlen. Alois Jobst wußte, was das zu bedeuten hatte: Bestrafung. Damit hatte er allerdings auch gerechnet und meldete sich daher gleich nach dem Betreten des Büros von Hauptmann Wanger mit den Worten: „Obergefreiter Jobst meldet sich zur Bestrafung wegen Gaststättenbesuches mit Kriegsgefangenen!" Dem Hauptmann schien dies irgendwie zu imponieren. Das erwartete, lärmende Donnerwetter blieb jedenfalls aus. Dafür sagte er in verhältnismäßig ruhigem Ton etwas wie: „Sie sind wohl von allen guten Geistern verlassen" und „– hatten wohl Ihr Hirn im Spind liegen lassen" und „Disziplinlosigkeit sondersgleichen". Schließlich dann: „Ich bestrafe Sie mit einem strengen Verweis! Nehmen Sie die Strafe an?"

„Jawoll, Herr Hauptmann!" Jobst hatte mit drei Tagen Bau gerechnet und war daher angenehm überrascht. Dann aber sagte der Hauptmann noch fast leise und mit merkwürdigem Unterton: „Sie haben wohl eine Schwäche für die Russen? Dem kann man schon abhelfen, mein Lieber. Sie können gehen." Ehrenbezeigung, Kehrtwendung und dann war der Obergefreite Jobst wieder draußen. Der Spieß hatte ihm nur stumm und mit vorgeschobener Unterlippe nachgesehen.

Zehn Tage später fand wieder die allmonatliche Nachuntersuchung statt. Alois Jobst, dessen Dienst nach diesem Vorfall unverändert weitergegangen war, ging also wieder einmal im Adamskostüm von einem prüfenden Ärzte—Augenpaar zum anderen. Der letzte Arzt sah ihn kaum an, sondern blickte auf einen Zettel, der dem G—Buch des Obergefreiten beigeheftet war.

„Ihre letzte Feldeinheit war das Grenadierregiment 217. Wegen Erfrierungen 2. und 3. Grades sind Sie ins Lazarett gekommen und wegen einer Splitterverletzung. Zeigen Sie mal Ihre Hände! Gut, und die Füße? Alles sehr schön verheilt. Die Splitterverletzung? Aha. Na, die war ja wohl nie besonders tragisch, nicht wahr. — Sie sehen zwar schlecht, sind aber kräftig gebaut und ansonsten kerngesund. Außerdem waren Sie ja schon eine ganze Weile bei der kämpfenden Truppe, bei der Infanterie sogar. Infanterie ist natürlich Unsinn in Ihrem Fall, aber bei der Artillerie oder bei einer Nachschubeinheit könnten Sie ohne Weiteres Dienst tun. Sie sind bedingt kv."

Nun entwickelte sich alles schnell und geradezu automatisch. Noch am späten Nachmittag kam ein fast fünfzigjähriger Oberschütze mit dem etwas watschelnden Gang des Plattfüßigen in das Lager und meldete sich als Ablösung für den Obergefreiten Jobst, der sofort mit Gepäck zur Kompanie müsse. Am anderen Morgen erhielt Jobst den Urlaubsschein für einen zweiwöchigen Abstellungsurlaub, Abfahrt mit dem nächsten Zug. Die Mutter weinte, als er plötzlich dastand, denn sie ahnte, daß dies nichts Gutes zu bedeuten hatte. Die Zeit verging bedrückend schnell, und als Jobst schließlich nach bangem Abschied wieder zur Kompanie zurückkam, lag für ihn schon ein Marschbefehl samt Fahrkarte da. „Marschbataillon Nr. soundso in Kempten, Schloßkaserne."

Zehn Tage später dampfte ein langer Güterzug voller Soldaten aus dem Kemptener Hauptbahnhof einem unbekannten Ziel entgegen. Die von vielen gehegte Hoffnung „Italien" konnte man schon in Ulm begraben. Als der Zug sich dann am anderen Tag Berlin näherte und die schon stark angeschlagene Stadt bald wieder in Richtung Schneidemühl verließ, verwarf auch der naivste Optimist den Gedanken, es könne vielleicht doch noch an die Westfront gehen. Ein paar Tage später stand der Alois Jobst mit noch ein paar Kameraden im Gefechtsstand der 3. Kompanie des Grenadierregiments 61, einem engen Erdbunker, und meldete sich als der langersehnte Nachersatz zur Stelle. Das war im Oktober 1944 am sogenannten Narew—Brückenkopf, irgendwo ein gutes Stück nördlich von Warschau.

Es würde wenig Freude machen, zu schildern oder gar zu lesen, wie es unserem merkwürdigen Helden in den folgenden Monaten erging. Er führte das bittere, gefährliche und recht strapaziöse Leben eines Infanteristen. Wo es ging, nahm man auf seine schlechte Sehkraft etwas Rücksicht, aber, daß der Stabsarzt gesagt hatte, Infanterie wäre Unsinn für ihn, das interessierte hier niemand besonders. Dann begann der große Rückzug und da lernten dann die abgebrühten Landser in den endlosen Flüchtlingstrecks, die durch Kälte und Dreck einer Völkerwanderung gleich nach Westen strebten und nicht selten das Ziel russischer Flugzeuge mit Bomben und Bordwaffen waren, das Elend des Krieges in ganz neuen Dimensionen kennen. Eines Tages lag er dann mit seiner arg geschrumpften Einheit in der Nähe von Danzig und wußte, daß hier der lange Marsch wohl bald sein Ende finden würde.

Da aber warf ein gnädiges Geschick dem Alois Jobst ein Glückslos zu in der Form, daß sein linker Oberschenkel von einem kleinen Splitter durchschlagen und er selbst alsbald auch noch von einem ganz akuten Gelenkrheuma befallen wurde, daß er sich nur unter erheblichen Schmerzen an Krücken fortbewegen konnte. Das alles ereilte ihn noch so rechtzeitig, daß er diesem Hexenkessel Ende März 1945 mit einem der letzten Schiffe über die Ostsee entrann. Ende April wurde Jobst in der Nähe von Murnau, wo er nach einer Odysee bei seiner Genesungskompanie gelandet war, von den Amerikanern gefangen. Ende Juli trat er von Fürstenfeldbruck aus ziemlich ausgehungert und klapprig zu Fuß den Heimweg ins Allgäu an, denn Züge gingen damals nur für die Sieger.

Ein gutes Stück vor Günzach führt die Straße eine längere Strecke unmittelbar am Bahnkörper der Linie Kempten-

—München entlang. Als Jobst dort vorbeikam, sah er kurz vor sich einen Güterzug stehen, der offensichtlich darauf wartete, daß das hier stehende Signal ihm die Fahrt frei gab. Dies geschah dann auch bald, und langsam, ganz langsam rollte der lange Zug an ihm vorbei. Einige Waggontüren standen weit offen und Männer in grünen und auch ockerfarbigen Uniformen saßen da und ließen die Beine herausbaumeln: Russen, ehemalige Kriegsgefangene, und wie er auf dem Heimweg. Der Alois Jobst stand und schaute und hatte ein nicht zu beschreibendes Gefühl. Die ehemaligen Gefangenen, die da im Schrittempo und etwa fünf Meter von ihm entfernt vorbeirollten, sahen ihn stumm und aufmerksam an. Auf einmal schrie einer aus einem erst auf ihn zukommenden Wagen laut: „Alois! Alois! Challoh! Straschaij! Wsjego choroschego Alois!" (Lebe wohl! Alles Gute!) Sie winkten und lachten, und als sie näherkamen, erkannte er sie dann, den Igor, den Sergej, Grigori und wie sie alle hießen. Da saßen und standen sie in den Waggons und lachten und winkten, erst die aus dem Lager von Kempten und dann gleich darauf die von Immenstadt. Der ehemalige Obergefreite Jobst aber stand da, abgezehrt, mit ziemlich ramponierter Uniform und ganz allein weit und breit. Er winkte und schrie: „Gute Reise! Alles Gute! Lebt wohl!" Beinahe hätte er auch noch „Auf Wiedersehen!" gerufen, aus purer Gewohnheit. Aber dann fiel ihm gerade noch rechtzeitig ein, daß dieser sonst so gebräuchliche Gruß hier sehr unpassend gewesen wäre. Allmählich beschleunigte der Zug seine Fahrt und verschwand wie eine Vision hinter einer Fichtenhecke, die ein Stück weiter zwischen Bahn und Straße verlief.

In den Augen des Alois Jobst begann es feucht zu schimmern. Wie ein unmöglicher Film zog vor seinen geschlossenen Augen vorüber, was er in den viereinhalb Jahren, die er Soldat gewesen war, und vor allem in den letzten zehn Monaten gesehen und erlebt hatte. Er hielt sich an dem rostigen Eisenzaun zwischen Straße und Bahn fest und legte den Kopf auf seine Hände. Während er so dastand, zog ein Gedanke von unglaublicher Naivität durch sein Gehirn: „Mensch, wenn wir doch alle, der Dimitri und der Sergej und all die Millionen Iwans, aber auch ich selber und der Feldwebel Zapfer und Hauptmann Wanger und vor allem die vielen, die mit mir den Kopf hingehalten und denen das Leben zur Hölle gemacht wurde, wenn wir doch daheim geblieben wären. Ach Gott, wenn wir bloß alle einfach daheim geblieben wären."

Aber dann hob er den Kopf wieder, wischte sich die Augen ab und tippelte weiter. Bläulich und unberührt standen im Süden die Allgäuer Berge. Dem Alois Jobst aber war einige Augenblicke lang, als sei er unvorstellbar alt.

It wie mir wend

Alt werde isch ganz normal
und doch triffts oin schmerzlich.
Jung bleibe, dös wär fatal,
und doch wünscht ma's herzlich.

's isch doch vielleicht ganz guet am End,
daß oft it so gaoht, wie mir wend.

Eigentlich ...

Eigentlich sott i dia Raucherei sei lau,
es isch ugsund, i woiß,
und eigentlich tät auf meim Schreibtisch
a kloins bitzle meh Ordnung guet.

Eigentlich sott i scho lang an Briaf schreiba
an oin, der drauf watet,
und i woiß au,
er tät si arg freia.

Eigentlich hör i wohl viel z'wenig zua,
wenn andre was saget.
Eigentlich lieg i oft bloß auf dr Pass,
bis i sell
wieder losschnettra ka.

Eigentlich sott i a paarmaol meh „Bittschö"
und „Dankschö" au saga am Tag.
Es tät mi nix koschta
und andre täts freia vielleicht.
Warum eigentlich sag i's it?
Mir isch doch sonscht
au it glei ebbes zviel.

Eigentlich gäb's um mi rum
alle Täg was zum loba.
Aber i schwätz bloß dann,
wenn mir ebbes it paßt,
denk mir: nix gsait isch globet.

Vielleicht hilfts a weng, wenn i's schreib,
und Dir, wenn zuefällig
ähnliche Fehler wie i haoscht,
vielleicht au a bitzle.
Wenn it, dann isch dös Gedichtle
halt au a so neigschwätzt
in d'Luft.

Haot dr Klemens
it gschriebe?

Ein Marktflecken ist keine Stadt, aber weil er auf gar keinen Fall ein Dorf sein will, wird ein gewisses städtisches Gepräge dort, wo es einigermaßen möglich ist, besonders betont. Dabei spielen örtliche Besonderheiten, wie etwa ein Adelsgeschlecht mit einem entsprechenden Schloß, natürlich eine ganz entscheidend prägende Rolle.

In einem Marktflecken wie z. B. in Babenhausen gibt es neben cleveren, tüchtigen Bürgern auch noch alteingesessene, hochangesehene Familien mit langer, örtlicher Tradition. Oft hängt ihnen ein mehr oder weniger verblichener Glanz aus vergangenen Tagen an, wie etwa Buddenbrooks in Kleinformat. Rechtschaffener, ordentlicher Lebenswandel durch viele Generationen hindurch, aber auch grundsolider Gewerbefleiß und Erwerbssinn waren und sind für diesen Status eine unabdingbare Voraussetzung.

Weil es aber auf dieser buckligen Welt nichts Vollkommenes gibt, ist es wohl nicht verwunderlich, wenn sich da in der langen Reihe der Generationen auch hin und wieder ein schwarzes Schaf befindet beziehungsweise befunden hat. Diese merkwürdigen Außenseiter, diese „Aus−der−Art−Geschlagenen", machen sogar den besonderen Reiz dieser alten Familien aus. Sie sind so etwas wie eine einsame Rosine in einem Kuchen, in den eigentlich gar keine Rosinen hineingehören.

So war es auch bei der Familie F. Ein Vorfahre hatte sich in der Notzeit nach dem Dreißigjährigen Krieg als Bürgermeister um die Gemeinde große Verdienste erworben, weil er in kluger Voraussicht mit großer Mühe und persönlichem Einsatz Getreidevorräte beschafft und so den Ort vor einer argen Hungersnot bewahrt hatte. Später brachte es ein Träger dieses Namens als Kunstmaler in der Stilrichtung der Nazarener zu beachtlichem Ansehen. Nicht zuletzt ist auch eine hohe Musikalität bei der Familie F. bis in unsere Tage hinein zu Hause. Aber es gab da auch einmal in der zweiten Hälfte des vorigen Jahrhunderts einen Sproß an diesem Stamm, der dieser Familie nicht nur viel Kummer und Ärger bereitet, sondern auch die Seinen einen schönen Batzen Geld gekostet hat. Nennen wir ihn Klemens, den mißratenen, die ganze Familie diskriminierenden, den ganz einfach unmöglichen Klemens.

Er war der Jüngste von mehreren Kindern, und weil zum Erben der väterlichen Bäckerei ein älterer Sohn bestimmt war, erlernte er das Schuhmacherhandwerk. Dies aber gefiel ihm nicht, und so wurde er dann auch ein nur wenig geschätzter Geselle in diesem Handwerk, den schon bald in weiterem Umkreis kein Meister mehr haben wollte. Die Sache wurde noch dadurch verschlimmert, daß der Klemens nicht nur gelegentlich ganz gerne etwas über den Durst trank, sondern auch im Ganzen dazu neigte, über seine Verhältnisse zu leben. Nach einer wenig ergiebigen Wanderzeit kam er schließlich wieder heim und half in der väterlichen Backstube. Das ging aber auch nicht lange gut, denn die auf Sparsamkeit und Arbeit ausgerichtete Grundhaltung der Eltern und Geschwister schmeckte dem Klemens auf die Dauer einfach nicht. Als er dann auch noch anfing, Schulden zu machen, berieten die Mitglieder der großen, weitverzweigten und im Ganzen nicht unvermögenden Familie, was zu tun sei. Ein regelrechter Familienrat wurde abgehalten und das Ergebnis der Beratungen lautete: „Der Klemens mueß futt! Den du'mer auf Amerika!"

Dann steuerte jeder sein Scherflein dazu bei, daß dieser Beschluß in die Tat umgesetzt werden konnte. Der Klemens wurde ordentlich ausstaffiert und erhielt das Fahrgeld. Dann wurde er mit vielen guten Wünschen und Ermahnungen in den Zug gesetzt und dampfte davon. Die Familie atmete auf. Um so größer war der Schreck und die Peinlichkeit, als nach etwa vier Wochen der Mißratene wieder vor der Tür stand, abgebrannt bis auf den letzten Heller. Er hatte es nicht übers Herz gebracht, das viele schöne Geld für eine so fragwürdige Sache wie eine Schiffspassage nach New York auszugeben. Da zog er es schon vor, es sich einmal so richtig nach Herzenslust gutgehen zu lassen. Auch das „zarte" Geschlecht spielte dabei eine wichtige Rolle und so kam, was kommen mußte: Eines Tages war das ganze Fahrgeld aufgebraucht und nun stand der Klemens halt wieder vor der Tür des Elternhauses als letzte Zufluchtsstätte. Er gab sich jetzt einsichtig, gelobte hoch und teuer Besserung und so nahm man ihn, wenn auch mit deutlichem Unwillen, wieder im Schoß der Familie auf.

Den guten Vorsätzen des Klemens aber folgten die entsprechenden Taten keineswegs, im Gegenteil. Der bis zu seiner Abreise noch ziemlich biedere, aber halt etwas leichtlebige Schustergeselle hatte ja, anstatt über den Ozean zu fahren, einige Städte besucht. Was er dabei gelernt hatte, war keineswegs dazu angetan, sein Ansehen und das der Familie in Babenhausen zu heben.

Wieder trat in ziemlicher Eile der Familienrat zusammen. Der schon einmal gefaßte Beschluß wurde erneuert und bekräftigt, aber mit dem Zusatz, daß ein tatkräftiges männliches Mitglied der Familie dem Klemens solange das Geleit zu geben habe, bis dieser an Bord eines Schiffes und dieses abgefahren sei. Wieder wurden, wenn auch mit Murren, die erforderlichen Geldmittel gemeinsam aufgebracht, und eines Tages fuhr der Klemens in Begleitung eines zwar wohlgesonnenen, aber unerbittlichen und unbestechlichen Onkels nach Hamburg. Dort bestieg er wie geplant ein Schiff und als dieses schließlich ablegte, winkten der Klemens und der Onkel einander noch lange zu. Eines Tages kam dann ein kurzer Brief, dessen Marke tatsächlich die Aufschrift „United States of Amerika" trug. Der Klemens schrieb darin, daß er gut angekommen und hier alles ganz anders als in Babenhausen sei. Er arbeite in einer Bäckerei und es gehe ihm „soweit" ganz gut.

In der Familie F. war man froh und beruhigt, diese Angelegenheit nun doch noch auf anständige Weise in Ordnung gebracht zu haben. Die Mutter aber, die durch ihren Jüngsten bis dahin weit mehr Sorgen und Kummer als Freuden erfahren hatte, sie meinte jetzt, vielleicht könne man in ein paar Jahren auf den Klemens sogar noch besonders stolz sein. So mancher, mit dem es hierzulande nicht recht gehen wollte, habe da drüben schon Reichtum und Ansehen erworben.

Die Briefe des Auswanderers wider Willen aber wurden recht spärlich und immer nichtssagender. Drei Jahre gingen hin und langsam begann das Bild des Klemens bei den Leuten im Flecken und auch bei den Familienmitgliedern zu verblassen. Nur die Mutter und der Vater dachten oft mit einem merkwürdig wehen Gefühl an den fernen Sohn.

An einem trüben Aprilmorgen öffnete die Mutter wie gewohnt die Jalousien im Erdgeschoß und erstarrte. Der danebenstehende Vater versicherte später, er habe sie in den fast vierzig Ehejahren noch nie so blaß und mit so merkwürdigen roten Flecken im Gesicht gesehen wie an diesem Morgen. Als auch er auf die Straße hinausblickte, erging es ihm aber bald nicht viel besser. Da näherte sich nämlich dem Haus niemand anderer als der Klemens, und sein etwas abenteuerlicher Anzug war allein schon peinlich genug. Das Allerschlimmste aber war: Klemens war nicht allein! An seinem Arm hing eine Frau, eine Frau von dunkler Hautfarbe. Nein, eine richtige Negerin war es auch nicht, eher so eine Art Halbnegerin, eine Mulattin.

Was blieb den Eltern anderes übrig, als den Sohn samt Begleiterin wieder aufzunehmen. Klemens war wieder einmal so gut wie ohne Geld. Seine letzten Dollars waren für die Schiffspassage draufgegangen. Er wollte doch lieber mit seiner Frau in Deutschland und am allerliebsten halt doch in Babenhausen leben und arbeiten, sagte er. Mary, so hieß

seine Frau, reichte den ratlosen Eltern mit breitem, verlege-
nem Lächeln stumm die kaffeefarbene Hand und sah sie aus
großen, braunen Kulleraugen fragend an. Im Dachgeschoß
des Hauses wurde dem merkwürdigen Paar notgedrungen
ein Zimmer eingerichtet. Dort konnten sie so lange wohnen,
bis sich eine Lösung dieser unmöglichen Situation finden
würde.

Die überraschende Rückkehr des Klemens und vor allem
seine rätselvoll—exotische Begleiterin erregten damals, vor
etwa 120 Jahren, in dem Tausend-Seelen-Ort ungeheures
Aufsehen. Die unsinnigsten Gerüchte schossen wild ins
Kraut und machten den biederen Eltern das Leben schwer.
Dem Vater setzten die neugierigen Fragen von allen Seiten
arg zu und so mied der sonst so umgängliche Mann bald die
geselligen Zusammenkünfte der Handwerksmeister und anderen Gewerbetreibenden des Ortes. Dem Klemens aber,
der es schon früher an keinem Arbeitsplatz lange ausgehal-
ten hatte, gelang es jetzt erst recht nicht mehr, in der kleinen
Babenhausener Alltagswelt Fuß zu fassen. So wurde er, zusammen mit seiner farbigen Gefährtin, die gar keine Anstal-
ten machte, die Sprache wenigstens ein bißchen zu erlernen,
allmählich zur personifizierten Unmöglichkeit. Es zeichnete
sich ab, daß bald neben dem Ansehen der Familie auch deren
Vermögen auf dem Spiel stehen würde, und das war Grund
genug, ein drittes Mal die entscheidenden Persönlichkeiten
der großen Verwandtschaft zu einer ernsten Beratung zu-
sammenzurufen. Mit Landauern und Kutschen kamen sie
angefahren und die Stimmung der wieder Zusammengerufe-
nen soll nicht die beste gewesen sein. Der Beschluß lautete,

wie zu erwarten war: „Der Klemens mueß meh futt mitsamt dem Weibsbild." Und es gelang sogar, den Klemens davon zu überzeugen, daß es so am besten für ihn und für alle war.

Wieder wurden die Kosten gemeinsam aufgebracht, und wieder wich ein zuverlässiges Mannsbild den beiden so lange nicht von der Seite, bis das große Schiff an der Pier des Hamburger Hafens das Fallreep einholte und die Elbe hinab davondampfte. Wieder stand der Klemens an der Reling und winkte.

Dieses Winken war das letzte Lebenszeichen, das die Familie F. vom Klemens erhielt. Es kam kein Brief, keine noch so nichtssagende Postkarte mehr aus der Neuen Welt, dem „Land der unbegrenzten Möglichkeiten". Als nach einer Reihe von Jahren die Mutter dann todkrank darniederlag und ihr Ende nahen fühlte, fragte sie mit letzter Anstrengung immer wieder: „Haot dr Klemens it gschriebe?" Klemens hatte nicht geschrieben und niemand weiß bis heute, was aus ihm geworden ist.

Großer Richard gegen kleine Wunder

„Findet jetzt ihr koin andere Freind als den Richard dao?"
Unser Vater haot dia Bemerkung ugfähr so rausbrummlet,
wia ma vielleicht au sait „Hörts heut gar it auf renge?" oder
„Hätt jetzt der Schnee it liegebleibe könne?!" Richtig verbote haot'r uns de Umgang mit'm Richard it und au nia so
richtig gsait, warum ihm der Richard it ganz recht isch als
Freind von uns zwei Buebe. Der Richard isch zwei Jaohr
älter gwea als i und seine Eltre hand a Wirtschaft ghet. Dia
war direkt neaba uns, und weil mir im Parterre gwohnt
hand, isch dös manchmaol scho a rechte Lascht gwea.
Mir sind aber mit'm Richard richtig guet auskomme. Er isch
scho in di dritt Klaß ganga und sogar in d'Klavierstund.
Gfueßballet haot'r au scho, manchmaol sogar a weng mit
uns auf dr Straoß. Er wills uns au lerne, haot'r gsait. Aber
meine Eltre hand gmoint, dia Fueßballerei auf dr Straoß, dös
sei nix und mir däbet schloß d'Schuah recht himache.
Ma mueß wisse, daß dös ugfähr 1929 oder 1930 gwest isch,
also in ara arg schlechte Zeit. Aber was woiß denn a achtjäh-
riger Bua und sei sechsjähriger Brueder von der Zeit, in der
er lebt.
Weil also dr Vater it richtig gsait haot: „I will dös in Zukunft

numme hau, daß ihr den Richard als Freind hand, und 's Fiedle krieget'r voll, wenn i noamaol ebbes drvo erfahr!" — weil er also dös it gsait haot, sind mir halt weiterhin numgange zum Richard. D'Muetter haot au nix drgleiche gsait. Ma ka it sage, daß dr Richard sei altersbedingte Überlegeheit bsonders ausgnützt hätt. A bitzle gscheitnäsig haot'r freile manchmaol dau, aber dös hand mir ganz in Ordnung gfunde, wenn oiner scho in dia dritt Klaß gaoht und sogar in d'Klavierstund.

Aber oimaol haot si dr Richard dann ebbes erlaubt, dös ihm dia moischte Sympathia bei uns koscht haot. Es mueß so um Afang Dezember rum gwest sei. Mir, also mei Brueder und i, sind an ama Namittag beim Richard dibe gwea, im Nebezimmer von dr Wirtschaft. Dao hammer a weng gspielt und gschwätzt, weils duß so kalt und wüescht gwea isch. Gäscht waret um dia Zeit koine dao.

Auf oimaol fraoget mei Brueder de Richard: „Fürchtescht du de Klaos?" Dr Richard aber haot drauf ganz mitleidig gsait: „Ja moinsch du, daß zu mir no a Klaos kommt? Ja glaubet ihr gwieß no an de Klaos!"

Mei Brueder Emil und i hand zerscht anand und dann de Richard aglueget, dann hammer gsait: „Ja mei, zu uns kommt'r aber." Dann haot dr Richard eis ganz genau erklärt, daß dös alls a Schwindel sei und daß der Klaos immer entweder a Verwandter oder a Bekannter oder gar bloß dr Vater sei, mit ara verstellte, brummlige Schtimm.

Mir hand gar it gwißt, was mr sage sollet, so haot eis dös troffe. Freile, 's Jaohr vorher hau i scho au fascht gmoint, dr Klaos könnt dr Poschtur naoch fascht dr Onkel Fritz sei.

Aber der isch dann am gleiche Aobed no selber komma und isch ganz überrascht gwest, wia mir ihm verzählt hand, daß grad vorher dr Klaos daogwea isch. Dr Richard haot ebbes gsait von „gschwind umzoge" und „Bart weggmacht"! Mir hand dann nix meh gwißt, was mir als Beweis dafür hättet vorbringe könne, daß unser Klaos auf jeden Fall no immer echt gwea isch. Mir hättet so geare no weiter an de Klaos glaubt, wenn mir'n au a bißle gfürcht hand, aber dr Richard haot eis oifach numme glaube lau.

Er haot dann aber no koi Ruah gea und glei weitergmacht: „Ha, und dr Oschterhas erscht, mei Gott, dös isch ja glei no dr größer Schwindel wia dr Nikolaus. An heilige Nikolaus haots doch wenigschtens amaol wirklich geabe, aber en Oschterhas – phü. Dös ka ma halt kloine Kinder verzähle." Also au dao waret Vater und Muetter im Spiel, dund d'Eier selber ins Neschtle nei und pfeifet dann scheiheilig em Has.

Mei Brueder und i, mir sind daoghocket, wie wenn eus d'Henne 's Butterbrot weggnomme hättet. Dr Emil haot dann richtig verdattret zu mir gsait: „Komm, jetzt gammer hoim." Und i hau an Vaters Gebrummel denkt vonwege „koin andere Freind finde" und so. Dr Richard aber war jetzt scheints scho dinn im Fahrwasser. Er haot eis ganz mitleidig aglueget, mit dr Hand a weng abgwunke und gsait: „Und mit'm Chrischtkind isch gradso, dös isch ja logisch."

Naoch'm erschte Schrecke auf dia Mitteilung na isch mir rausgrutscht: „Dös isch jetzt schad, daß dös gsait haosch. Komm Emil, mir gand hoim." Auf'm Hoimweg hammer

dann ausgmacht, daß mr dahoi nix saget von unsere nuie
Erkenntnisser. Aobeds im Bett hammer no a Weile davo
gschwätzt, ob dös überhaupt stimme ka, was dr Richard dao
heut behauptet haot. Dös mit'm Oschterhas, no ja, dao hammer wohl oder übel em Richard recht gea müesse, leider.

95

Wenn mir au gern no weiter an dös Wundertierle glaubt hättet, dös ma um Oschtre rum überall auf so nette und luschtige Bildle haot sehe könne. Daß dr Richard uns au de Glauba an de Nikolaus gnomme haot, dös haot uns scho ärger gstunke; scho deswege, weil ja in a paar Täg Klausetag gwea isch. Außerdem isch bei uns, im Gegesatz zu andere Familien, no nia a richtig böser Klaos komme, so daß mir dia bärtige Kerle it gar z'arg gfürcht hand. Und dös isch also au bloß a mehr oder weniger raffinierts Theater gwea. I ka mi no heut dra erinnere, wia arg uns zwei Buebe dös gwea isch. Uns war grad, wia wenn eis oiner ebbes gstohle hätt, und zwar dr Richard. Mir waret uns einig: Dao gammer numme num zu dem.

Daß aber dös mit'm Chrischtkindle au it stimme soll, noi, dös war zviel auf oimaol. Mir hand drum beschlosse, weiter dra z'glaubet, daß dia Sache an Weihnachte eaba scho 's Chrischtkindle bringt und daß d'Eltre am Chrischtkind höchschtens saget, was es bringe soll. Schließlich hand mir dann no ausgmacht, daß mr de Eltere nix saget von unsere nuie Erkenntnis und Zweifel, sondern so dund, als ob mir no an alls glaube däbet. Mir hand halt denkt, d'Eltere freiet si bestimmt au, wenn d'Kinder no an dia Sache glaubet, und die Freid wolltet mir ihne it nemme. So hammer uns dann am Klaosetag gegeseitig ebbes vorgspielt; d'Eltere und dr Klaus uns und mir em Klaos und de Eltere au. Es isch dann recht nett gwea, wenn mir au scho bald gmerkt hand, daß dösmaol it dr Onkel Fritz, sonder dr Herr Bosch, der im gleiche Haus gwohnt haot, dr Klaos gwea isch.

In dene Woche vor Weihnachte hammer aber dann doch alls

um uns rum a weng aufmerksamer und mißtrauischer beobachtet wie sonscht und dao sind mir dann doch auf manches gstoße, dös eher zum Richard seiner Darstellung als zum richtige, echte Chrischtkindle paßt haot. Mir hand aber oifach no ans Chrischtkindle glaube wölle, weils viel schöner gwest isch als dös andere, was dr Richard eis verzählt haot. Aber au, weil si d'Eltre so offensichtlich drauf verlasse hand, daß mir no ans Chrischtkindle glaubet. Der Heilig Aubed und alls war dann wieder so schö wia immer, wenn au a leichter Schatte von unserm Wunderglaube halt doch it ganz zum Wegbringe gwea isch.

Naoch de Feiertäg hammer dann dem Sach numme weiter naochgsonne, aber die Freundschaft mit'm Richard isch ganz von selber eigschlaofe, ohne daß dr Vater irgenwia ebbes unternomme haot. Wie's dann a Jaohr später wieder Weihnachte zuegange isch, hand unsere vom Richard eipflanzte Zweifel von viele Seite so viel Nahrung kriegt, daß se unsern schöne Chrischtkindles-Kinderglaube langsam aber sicher verdruckt hand. An ama Aobed – dr Vater war bei seim Gsangverein – haot d'Muetter Leckerle bache. Mir zwei Buebe hand d'Teigschüssle ausgschlecket und hättet gern au sonscht a weng gholfe, aber d'Muetter haot uns it helfe lau. Mir däbet ihr bloß im Weg umgau, haot se gsait. Auf oimaol fraoget se uns mit ama ganz leichte Lächle, ob mir denn überhaupt no ans Chrischtkindle glaube däbet.

Die Fraog haot uns arg in Verlegeheit braocht, weil mir doch felsefescht gmoint hand, d'Eltere glaubet no dra, daß mir dra glaubet. Aber Muetters Fraog isch scho so gstellt gwea, daß ma eigentlich gar numme guet haot „Ja" sage könne, ohne daß d'Lug glei fascht zum Greife gwea wär. Mir hand eis auf de Richard nausgschwätzt, daß der so und so gsait häb und seitdem sei er aber numme eiser Freind.

„Ja glaubet'r jetzt no richtig ans Chrischtkindle oder it? Dös handr mir no it gsait. Dao brauchet'r ui it schiniere", haot d'Muetter weiter gfraoget und alleweil no a bitzle glächelet.

Dr Emil und i hand anand aglueget und dann hammer gsait: „Numme so richtig." Ins Gsicht schaue hau i dr Muetter dabei it könne.

D'Muetter haot dann ganz bedächtigt a Backblech eigmeahlet und wia neabezue ebbes gsait, was i all dia viele Jaohr bis heut it vergesse hau: „Dann will's i euch sage, wie dös isch. 's oinzige, wirkliche Chrischtkindle, dös ma hau oder kriege ka, isch a Mensch, von dem ma weiß, daß'r oin mag, daß'r oin so richtig liebhaot. Weil ma dös aber it 's ganz Jaohr durch alleweil recht zeige oder gar sage ka, drum zeiget ma's auf Weihnachte, am Geburtstag vom richtige Jesuskindle. Dao schenkt ma dene Leut ebbes, die ma bsonders geare mag und jeder, der ebbes gschenkt kriegt am Heilige Aobed, der woiß, daß der und der ihn richtig geare haot und si freit, wenn er ihm a Freid mache ka. Und 's richtige Chrischtkindle im Himmel dobe, dös freit si dann au, weils sieht, daß d'Leut anander möget und a Friede isch auf dr Welt."

Dr Sinn von dem, was mei Muetterle dettmaols gsait haot, isch mir erscht naoch und naoch aufgange. Dra denke aber tue i au jetzt no, wo i selber scho wieder a halbs Dutzed Enkele hau, immer wieder, wenn's auf Weihnächte zuegaoht und ma vom Chrischtkindle schwätzt.

WORTERKLÄRUNGEN

Bettziache	Bettbezüge
deuche	sich dünken, sich etwas einbilden, stolz sein
Ehalte	landwirtschaftl. Dienstboten
Heuer	Saisonarbeiter, die nur für die Heuernte eingestellt wurden
Hoimetle	kleines, landwirtschaftliches Anwesen
Hoize	Heinzen = Pfahl mit drei Querstäben (Sprossen oder Schwingen)
Liameß	Tag Mariä Lichtmeß (2. Februar)
Pfreadstüble	Austragshäuschen, kleines Wohnhaus für das bäuerliche Elternpaar nach der Hofübergabe
Säeges	Sense
Schlaua	lange, dicke Heuschwaden, wie sie zum Aufladen nötig sind
Ufürm	Unarten, menschliche Schwächen (ugfurmet = ungezogen)
wäh	vornehm, auch überspannt, elegant
Weisen	Glückwunschbesuch bei einer Wöchnerin

Weitere Bücher von Artur Jall

Bei de Leut und von de Leut

Gereimtes und Ungereimtes in schwäbischer Mundart. Ein echtes Schmunzelbuch, das u. a. vom Gätle, vom Reagawetter, vom Feieraobed, vom Wiageliedle, vom alte Huat, vom Urlaub, vom Schtraofzettl, vom blauen Montag, von der Liebeserklärung, vom Adventswunder und vom Butter berichtet. 96 Seiten mit 52 heiteren Illustrationen von Eberhard Neef. **DM 16.80**

Von Söttene und Söttige

Herzerfrischende und nachdenkliche Geschichten. Ob in unserer allgäu-schwäbischen Mundart oder in Hochdeutsch: Artur Jall geht den vielen kleinen Dingen des Alltags in seiner unnachahmlichen Art nach und bleibt ihnen auf der Spur. Eberhard Neef hat dieses Buch köstlich illustriert und jede Situation treffsicher charakterisiert. 96 Seiten mit 31 Zeichnungen. **DM 16.80**

A bitzle so — a bitzle so

In diesem Buch kommt der freundlich ironische Spötter und Witzbold ebenso zum Vorschein wie der besinnliche Erzähler. Nicht nur in allgäu-schwäbischer Mundart, sondern auch in Hochdeutsch unterhält Artur Jall seine Leser. Die 28 Titel des Buches sind von Eberhard Neef in humorvoller Weise illustriert. 112 Seiten. **DM 18.50**

Dr Sell

Der Autor kann es nicht lassen, seinen Mitmenschen „aufs Maul" zu schauen, ihre Schwächen und Eigenarten mit freundlicher Ironie zu charakterisieren. Der Leser wird jedenfalls immer wieder lächelnd feststellen: „Ja ja, so sind se!", sich aber gelegentlich vielleicht auch fragen: „Der wird doch it mi moine?" Eberhard Neef hat dieses Buch mit 45 köstlichen Illustrationen bereichert. 80 Seiten. **DM 16.80**

Preise: Stand Oktober 1985

ALLGÄUER ZEITUNGSVERLAG KEMPTEN